コンパス
保育の心理学

編著：寺見陽子

共著：阿南寿美子・植田瑞穂・大塚穂波・隠岐厚美・片山伸子
金重利典・川谷和子・川村高弘・黒田博子・榊原久直
澤田真弓・鎮　朋子・高岡昌子・中島俊介・中見仁美
林　悠子・山田真世・渡邊恵梨佳

建帛社
KENPAKUSHA

まえがき

　保育において保育者（幼稚園教諭・保育士・保育教諭をいう）は，子どもを理解し，健全な発達を促すために援助する重要な役割をもっている。「保育の心理学」を学ぶ意義は，保育者として，子どもの理解と援助の在り方を考える基礎を理解することにある。

　この「保育の心理学」は，厚生労働省が示した保育士養成課程の科目の一つである。この科目の学習内容には，「発達を捉える視点（発達理解，発達と環境，発達理論）」「子どもの学びと保育（乳幼児期の学びに関わる理論，学びの過程と特性・学びを支える保育）」「子どもの発達過程（社会情動的発達，身体的機能と運動機能の発達，認知の発達，認知の発達）」があげられている。

　本書は，こうした学習内容を踏まえ，身体，認知・認識，自我，社会という観点から，身体的存在から認知・認識の芽生え→自己存在の発見から自我の芽生え→そうした過程で形成される社会的関係性という流れ（もっともこの過程は一方向ではなく渦巻現象であるが）を意識しながら，年齢に応じた発達変化と発達の各側面の発達的変化が，同時に理解できるように編成した。

　第1章と第2章では発達論，第3章と第4章では学びの理論と保育，第5章から第12章では各年齢の発達特性と身体，自我，社会的関係，認知・認識・言語の発達について，理論をまとめた。第5章から第12章では，各章の1節を読むと年齢別の発達特性が，2節を読むと身体と認知・認識の発達が，3節を読むと自我と社会性の発達がわかるように意識した。また，全章末にはコラムを設け，各章の心理学的内容と保育との関連を理解するために，子どもの発達と保育のつながりを示した。コラムを通して読むと，幼稚園教育要領，保育所保育指針，幼保連携型認定こども園教育・保育要領に示されている保育の目的・方法・内容の概要を知ることができるようになっている。さらに，事前学習と事後学習（文部科学省の規定では各2時間が必要）ができるように，ドリル形式の事前・事後学習ワークシートを作成した。事前学習ワークシートでは各章のキーワードを予習し，事後学習ワークシートでは各章での学びを保育と結びつけて理解できるように内容を設定した。事前・事後学習ワークシートは建帛社のホームページからダウンロードできるようになっている。

　本書が，保育者を目指す方々の指南書として，一役を担ってくれればと心より願っている。

　最後になったが，本書の出版にあたり，執筆にご協力くださった諸先生方に心より感謝とお礼を申し上げたい。また，このような機会を与えてくださった建帛社様，原稿を丁寧に精査して下さった黒田聖一氏に感謝の意を表したい。

2024年3月

編著者　寺見陽子

●各章の事前学習ワークシート，事後学習ワークシートは，ワードファイルとして，建帛社ホームページ『コンパス 保育の心理学』書籍詳細ページの「関連資料」に掲載されています。

　建帛社ＨＰ　https://www.kenpakusha.co.jp/

　上記にアクセスし，書籍検索にて『コンパス 保育の心理学』で検索，本書書籍詳細ページ「関連資料」よりダウンロードできます。

●本書をご採用頂いた先生方へ

　各章の事前学習ワークシート，事後学習ワークシートの解答例は，ご採用頂いた先生方にのみ，配布しています。『コンパス 保育の心理学』書籍詳細ページにアクセス頂き，「採用者特典対象」よりお申込みください。

目　　次

第3章　子どもの学びの理論　25

第4章　子どもの学びの特性・過程と保育　35

序章　保育と心理学
―なぜ心理学を学ぶのか―

1　人格形成の基礎を培うために環境を通して行う保育

　幼稚園教育要領，保育所保育指針，幼保連携型認定こども園教育・保育要領には，乳幼児期は生涯にわたる人格形成の基礎を培う時期であることを踏まえ，各就学前施設で実施する保育の目的・目標や方法，内容が示されている。幼稚園は，「義務教育及びその後の教育の基礎を培うものとして幼児を保育し，幼児の健やかな成長のために適当な環境を与えて，その心身の発達を助長する」（学校教育法第22条）ことを目的とし，「学校教育法に規定する目的及び目標を達成するため，幼児期の特性を踏まえ，環境を通して行う」[1]こととされている。また，保育所は，入所する子どもの最善の利益を考慮しつつ「保育を必要とする乳児・幼児を日々保護者の下から通わせて保育を行うことを目的とする施設」（児童福祉法第39条）であり，「子どもが現在を最も良く生き，望ましい未来をつくり出す力の基礎を培う」[2]ことを目的に，「子どもの状況や発達過程を踏まえ，保育所における環境を通して，養護及び教育を一体的に行うこと」を特性[2]としている。さらに，認定こども園は，就学前の子どもに関する教育，保育を総合的に提供するため「乳幼児期全体を通して，その特性及び保護者や地域の実態を踏まえ，環境を通して行う」[3]ことを基本としている。

　このように，保育は，子どもの生涯にわたる人格形成の基礎を培うため，環境を通して行うことを基本としている。

2　子どもを理解し，その心に寄り添う保育者

　乳幼児期の子どもは未熟な存在である。しかし，その未熟さには成長への可能性が秘められている。したがって，子どもの保育は，未熟な生命を養護する

1) 文部科学省『幼稚園教育要領』（第1章第1）2017.

2) 厚生労働省『保育所保育指針』〔第1章1〕2017.

3) 内閣府等『幼保連携型認定こども園教育・保育要領』（第1章第1）2017.

とともに，人格形成の基盤を形成するための教育的配慮が必要である。

　乳幼児期の子どもは，自分が興味・関心をもった周りの環境に自ら働き掛け，その関わりを通して新たな経験をして，新たな活動を展開する。そして，自分の興味や関心が満たされた満足感や自分でできた喜び・達成感，もっとやりたいという意欲をもって生活し，自ら発達していく。幼児教育の父といわれたフレーベル（Fröbel, F., 1782-1852）は，これを子どもの「自己教育力」と表現し，保育者を庭の園丁（庭師）に例えている。「環境を通して行う保育」とは，保育者（幼稚園教諭・保育士・保育教諭をいう）が自ら環境に関わる子どもの意欲を育て，その時期に必要な経験を積み重ねていくことができる環境を整え，その環境と関わることによって子ども自らが発達していくことを促すことである。

　保育者の関わりと援助のポイントを以下にまとめてみる。

①　子どもが安心して過ごせるように信頼関係を築き，健康，安全で情緒の安定した生活と自己発揮できるように援助する。

②　子ども一人一人が，試行錯誤したり考えたりしながら，身近な環境に主体的に関わり，それぞれの発達に応じた経験を意欲的にできるように，また他の子どもたちと豊かな経験を積み重ねられるように環境を構成する。

　保育者の責務・役割は，子どもの活動や遊びが豊かに展開されるよう環境を工夫し，乳幼児期にふさわしい生活が保育の場で展開できるようにしていくことである。

3　子どもの保護者や地域の子育て家庭を支援する保育者

　園での子どもの生活は，家庭での養育と深く関連する。地域の人間関係が希薄な上に，核家族が多い今日，子育て家庭が孤立し，周りから子育てのサポートが得られない状況がみられる。そのために保護者の子育て不安が深刻化している。また，近年，共働き家庭やひとり親家庭が増えてきており，家庭内でも必ずしも子育てのサポートが得られるとは限らない。そうした中で，保護者の子育てへの不安や負担感が増大し，子育てへの困難を感じる保護者が増えてきている。保護者の子育てへの不安は，子どもの発達に影響を及ぼすといわれている[4]。

　今日，子どもの保育とともに，保護者への子育て相談・助言と共に子育てを考えるパートナーとしての保育者の役割がますます重要になってきている。また，就学前施設は，地域と連携し，地域の子育て力の醸成とともに，地域の子育て家庭への支援が重要な役割であろう。保護者の子育てへの意向や気持ちを受け止め，保護者理解と援助の専門性が求められる。

4）　ベネッセ教育総合研究所「第6回 幼児の生活アンケート レポート」(第2章)，2022.

④　保育・子育ての専門家としての保育者

　前記したように，保育者は，乳幼児期の子どもの育成とともに，保護者の家庭養育への支援や地域の子育て家庭への支援をする任務がある。保育の専門性を活かして，乳幼児一人一人の行動と内面を理解し，心の動きに沿って保育を展開することによって心身の発達を促すよう援助するとともに，保護者の子育てパートナーとして相談助言しながら支援していく。そのためには保育や対人援助の専門家としての自覚と保育や相談助言に関する専門性を身に付ける必要がある。

　保育所保育指針解説には，保育者の専門性を次のように示している[5]。

①　これからの社会に求められる資質を踏まえながら，乳幼児期の子どもの発達に関する専門的知識を基に子どもの育ちを見通し，一人一人の子どもの発達を援助する知識及び技術。

②　子どもの発達過程や意欲を踏まえ，子ども自らが生活していく力を細やかに助ける生活援助の知識及び技術。

③　保育所内外の空間や様々な設備，遊具，素材等の物的環境，自然環境や人的環境を生かし，保育の環境を構成していく知識及び技術。

④　子どもの経験や興味や関心に応じて，様々な遊びを豊かに展開していくための知識及び技術。

⑤　子ども同士の関わりや子どもと保護者の関わりなどを見守り，その気持ちに寄り添いながら適宜必要な援助をしていく関係構築の知識及び技術。

⑥　保護者等への相談，助言に関する知識及び技術。

<aside>5)　厚生労働省『保育所保育指針解説』〔第1章　1（1）〕2018.</aside>

⑤　なぜ「保育の心理学」を学ぶのか

　本書は，子どもの発達や内面の育ち，保護者の心理を理解するうえで必要となる理論的な知見・具体的事例で構成されている。保育は，全ての子どもの人権とウェルビーイング*1を保障するとともに，子どもの安心・安全・健康を確保し，子どもの適切な育ちを促す環境づくりをしていくことが基本である。本書を学ぶことを通して，今日の子どもの幸せと健全な発達を促すための理論と保育実践の基礎知識，保育者としての資質と専門性を身に付けておくことが望まれる。また，自分が保育者として子どもをどのようにとらえるか，どのような保育者になり，どのような保育をするか，自己イメージを醸成することが期待される。

<aside>＊1　ウェルビーイング：個人の権利や自己実現が保障され，身体的，精神的，社会的に良好な状態にあることを意味する概念（厚生労働省）。</aside>

コラム　　子どもの人権と保育

「子どもは，だんだんと人間になるのではなく，すでに人間である。そう，人間なのであって操り人形なのではない。彼らの理性に向かって話しかければ，我々のそれに応えることもできるし，心に向かって話しかければ，我々を感じとってもくれる。子どもは，その魂において，我々がもっているところのあらゆる思考や感覚をもつ才能ある人間なのである」[1]〔コルチャック（Korczak, J., 1878-1942）〕

　「子どもの権利条約」の父とも呼ばれるコルチャック先生は，ナチス・ドイツのホロコーストの犠牲となりました。彼は特赦により命が助かる機会があったものの，共に助けられることを許されなかった子どもたちとともにガス室に行くことを選びました。彼が遺した言葉には，子どもの人権とは何かが明確に表されています。保育者を志す皆さんには，保育とは子どもの人権を尊重する営みであることを心に刻んでほしいと思います。

　子どもの権利条約は，1989（平成元）年に国際連合で採択され，日本では1994（平成6）年に批准されました。子どもの権利条約の4つの原則は，「生命，生存および発達に対する権利（命を守られ成長できること）」，「子どもの意見の尊重（意見を表明し参加できること）」，「子どもの最善の利益（子どもにとって最もよいこと）」，「差別の禁止（差別のないこと）」です[2]。子どもの権利は大きく4つに分類されており，「生きる権利」，「育つ権利」，「守られる権利」，「参加する権利」があります[2]。子どもの権利条約には，国や社会が子どもの権利を守るために取り組むべきことが示されており，私たち一人一人がより具体的に子どもの権利を守る行動を実践することが求められています。保育所保育指針には，「入所する子どもの最善の利益を考慮し，その福祉を積極的に増進することに最もふさわしい生活の場でなければならない」〔第1章1（1）ア〕と明記されています。また，「保育所は，子どもの人権に十分配慮するとともに，子ども一人一人の人格を尊重して保育を行わなければならない」〔第1章1（5）ア〕とあります。保育者は，子どもにとって保護者以外の最も身近な存在の大人です。起きている時間の大半を共に過ごす存在の保育者が子どもの権利を理解し，その権利を守る最前線に立つ使命感をもっているからこそ，子どもは安心して周囲の環境と関わりながら発達することができるのです。

　＊1　塚本智広『コルチャックと「子どもの権利」の源流』子どもの未来社，2019．p.122.
　＊2　日本ユニセフ協会HP，子どもの権利を理解しよう　大切なポイント．

第1章 子どもの発達と環境
―関係性と相互性―

　本章では，子どもの発達がどのようにして生じるのかについて，その
メカニズムを概説する。まずは「発達」という言葉自体に込められた意
味や，発達と似た他の言葉と重なる部分や異なる部分を比較検討するこ
とで，発達という概念の理解を深めたい。その上で，人間の発達には何
がどのような形で影響を与えると考えられているのかについて，主要な
理論を紹介する。そして最後には，子ども時代から視野を広げ，人生丸
ごとの変化をとらえる生涯発達という考え方についても紹介したい。

事例1－1　保育園デビューの危機―母子分離

　1歳児のA児は，入園して半年が経つ。入園当初，A児はお母さんと離れて，一日中泣いて
過ごしていた。担当の保育士は，A児の「保育園デビュー」の不安を十分に受け止め，安心し
て過ごせるように遊びや絵本や歌等でスキンシップを取りながら毎日関わった。今ではすっか
り園生活に馴染み，お迎え時になっても，もっと遊びたそうにしている。

　園生活でも，お散歩前には自分で帽子を取りに行き，実習生や保育士の帽子も手にして「ど
うぞ」と渡し，みんなから「ありがとう！」と言ってもらってうれしそうにしていた。

　A児は，保育士に安心して過ごせるように関わってもらいながら園の環境に
馴染み，自分から周囲のものや人に関わるようになっている。子どもは安心感
をもつことで周りとの相互的な関係をつくり，新たな行動を獲得していく。こ
の事例では，母子分離を乗り越えている。このように，子どもの発達は，子ど
もの安心感と周りの環境との関係性が重要な意味をもっている。

　第1章では，発達と育ちの意味と発達や育ちが成立する条件について考え
る。さらに子どもの発達や育ちにおける環境の重要性とともに，発達の見方・
考え方について理解を深めよう。

1 発達の概念と原理

「あなたはこれまでの人生の中で何が"発達"しましたか?」,「あなたが"発達"するためには,何が必要だったでしょうか?」そう尋ねられた時,何が頭に浮かんだだろうか。身長や体重といった体の成長を想像した人もいれば,様々な能力の獲得を思い浮かべた人もいるだろう。また,考え方や価値観といった心の発達が頭をよぎった人もいるかもしれない。本章で人の発達とそのメカニズムについて紹介するにあたって,まずはそもそも"発達"とは何を指すものであるのかについて,一度立ち止まって考えてみたい。

(1) 発達とは何か?

発達(development)という言葉には様々な意味があるが,人間の発達という文脈に立った時,「赤ん坊として生まれてから死にいたるまでの間に生じる心と体の系統的な変化」という意味で用いられる。系統的という言葉にも引っ掛かりを覚える人も少なくないと思うが,系統的とは物事が順序立って組み立てられている様子を指す言葉である。すなわち,人間の心と体の変化には,一定の流れやパターン,プロセスがあるという意味がここには込められている。また,赤ん坊として生まれてからと述べたが,より正確には,受精卵が母親の子宮に着床し,新たな命が宿るところから発達の道のりはスタートしている。それついては第 5 章(p.45〜)を参照してほしい。

続けて言葉の成り立ちに遡ってみると,「発達する」という言葉にあたる英語であるdevelopという言葉は,忍者のマンガに出てくるような巻物をひろげるという行為が語源であると考えられている。あらかじめ記された物語が一定の方向へ紐解かれていくととらえてもよいだろう。この言葉は,人間の発達は遺伝子によって設計された人間のシステムが時間の経過によって展開されていくプロセスであることを示している。

(2) 発達と似た言葉たち

発達という言葉について説明する中で,すでに成長といった言葉が登場している通り,発達という言葉を巡っては,どこか似ているような,関連しているような言葉も多く,そのいずれも子どもたちの保育を考える上では大事な言葉であるため,一度整理しておきたい。また,ぜひあなた自身がそれら一つ一つの言葉を使う時にどのような個人的な意味込めているのかについても,ぜひ立ち止まって考えてみてほしい。

　成長という言葉は発達とほぼ同じ意味の言葉として用いられるが，身長や体重の変化といった量的な変化を指す場合により用いられている傾向がある。特に乳児の保育を巡って登場する他の言葉としては発育という言葉がある。この言葉は特に身体面での発達を示すものとして用いられる。子どもたちの身長や体重，神経や筋肉等が健やかに育っているかどうかを表現する場合により適した言葉であり，発達よりは幾分範囲が限定されている。その他にも成熟という言葉があるが，こちらも人間の発達の一部を指し示す言葉であり，子どもが成長して生殖機能が完成していくプロセスを示すものである。

　このように隣接する言葉との意味の異同から発達という言葉に込められたイメージを再検討すると，人間の心や体の様々な部位やその機能，能力といった多様な側面が，量的にも，質的にも変化していくプロセスという，より包括的で多角的な意味を含む言葉であると考えられる。こうした一つ一つの言葉に込められた意味の微妙な齟齬を意識することは，特に他の職種の支援者らと子どもの発達について話し合う場面等において，それぞれが関心を向けている側面が異なることを気付かせてくれるヒントとなり，すれ違いを減らし，連携をスムーズに行う上で大事なチェックポイントとなるだろう。

（3）何が発達を生むのか

　ではこのような私たち人間の発達はどのようにして生じているのだろうか。

　本章の冒頭で問い掛けた発達に必要だと思うもの（発達に影響を与えるもの）に戻ってみると，回答は様々であろう。まず思い浮かぶのは，先程の発達の語源にもあった遺伝の影響であろう。もしかしたら中学生や高校生の頃，鏡に映る自分の姿と両親のどちらかの姿に共通点を感じ，恨み（あるいは喜び）に似た感情を覚えたことがある人は少なくないかもしれないが，今の自分があるのはこの親の子どもとして生まれたからだ…ということは多くの人が実感をもって知っていることである。またその他にも，あの時，あの経験を乗り越えたから…，あの人と出会えたから…，といったふうに，自分（の人生）を変えてくれた経験を思い出すことができるかもしれない。今の自分は，その全てが生れつきもっている遺伝子の情報によって決められているのではなく，生まれてからの長い月日の中での様々な経験，すなわち環境の影響も多分に受けているものであろう。人間の発達に遺伝と環境はどちらの方がより大きな影響を与えるものなのだろうか。この問いは古くから続く心理学の世界の大きなテーマである。続いては，この疑問について検討してみよう。

2 発達における環境の重要性

＊1　この知識に基づいて，母子健康手帳や様々な育児書籍において，「○歳○か月頃には～～することができていますか？」といった子どもの発育や発達の状態を確認するポイントであったり，「○歳頃には～～のような関わりをしてあげよう」という子育てのヒントが紹介されるようになっている。その他にも，地域の保健センターや小児科等で実施される乳幼児健康診査（健診）において，子どもの発達状態やその遅れの有無をチェックし，子育て支援や発達支援のネットワークへの導入体制が築かれている。

1）Spitz, R.A., Hospitalism : An inquiry into the genesis of psychiatric conditions in early childhood, *Psychiatric study of child*, 1, 1945, pp.53-74.

心理学の中でも，人間の心と体の発達のプロセスやそのメカニズムを研究する学問を発達心理学と呼ぶのだが，その研究のスタートは，子どもたちを日常場面から切り離し，実験室にて観察し，「○歳頃になると○○することができるようになる」という年齢による変化を明らかにすることであった。その蓄積によって人間の様々な発達のプロセス[＊1]（時間的な見通し）が立つようになると共に，世界中で同じ年齢でおおむね同じようなことができるようになるという発達の普遍性が明らかとなっていった。それはまさに人間という生き物の体の設計図である遺伝情報により，子どもたちの体が成長していく中で，一定のプロセスで様々な能力を開花させていくことがあらかじめ定められていることを示す証拠であろう。もちろん両親から受け継ぐ遺伝情報による個人差はあり，人間皆誰もが全く同じ発達の過程を辿るわけではないのだが，それでもこの普遍性の存在を鑑みると，発達における遺伝の影響力の強さは非常に大きいものであると考えられるだろう。

けれども，悲しい歴史ではあるのだが，かつての世界大戦の後，家族を失った幼い子どもたちが暮らした施設において，安全な住処（すみか）と十分な食事と睡眠を提供することができたが，今の時代ほど十分な対人的な関わりが得られなかった環境において，施設で暮らす子どもたちに様々な発達の遅れが生じることとなった[1]。それは人間が，衣食住といった生物として生きていくために必要なものを与えられれば，遺伝子のプログラムが起動し，自動的に発達していくようにはできておらず，環境（経験や人，もの）の影響を強く受けているということを示す証拠だといえるだろう。

（1）遺伝か環境か

人間の発達のメカニズムには多様な考え方がある。そして「カエルの子はカエル」ということわざが指し示しているように，人間の姿かたちを含めて様々な行動や能力は，生まれつき体の中に備わった遺伝的なものが時間の経過とともに自発的に発現していくというものであるという考え方を「生得説」[＊2]と呼ぶ。その他にも，発達的な変化には訓練や教育といった経験（環境）の要因と生物学的な成熟という要因が影響するが，後者の要因の影響力の方が強いという考え方を「成熟優位説」と呼ぶ。これらに対して，遺伝や素質と，それに基づく成熟ではなく，環境や学習の影響を重要視する考え方を「環境説」[＊3]と呼ぶ。

初期の心理学では，まさにこうした相反する考え方が対立していた。そして

様々な研究がなされる中で，遺伝や成熟の影響を受けやすい特徴と，環境の影響を受けやすい特徴がそれぞれあるということが明らかとなり，どちらかの理屈で人間の全てを説明できるものではないことが示されていった。またさらには，遺伝やそれに基づく成熟と，環境的な影響の両方とが足し算される形で発達が生じるという「輻輳説」*4が提唱されるようになった。

（2）遺伝と環境の対立論争を越えて

　遺伝だけでなく，環境（経験）だけでもなく…という考え方はある意味，今日を生きる私たちの実感とも重なる部分が多く，またとてもわかりやすいとらえ方であるといえるだろう。けれども，両者の関係性はそれぞれが独立したものであり，1＋1＝2というように単純な足し算の形となるものだと想像してみると，どこか違和感が生じてくる。例えば，生まれつき周囲の刺激に敏感に反応する赤ちゃんもいれば，周囲の刺激にあまり動じない赤ちゃんもいる。この二人の赤ちゃんを取り巻く家族の生活は，はたして全く同じでいられるだろうか。おそらく刺激に敏感な赤ちゃんと一緒に日々を過ごす保護者は，ちょっとした物音で赤ちゃんが目を覚ましてしまわないように，幾分デリケートにするように気を配るようになるだろう。反対に，刺激にあまり動じない赤ちゃんと一緒に過ごす場合は，そういった気遣いは不要になったり，場合によっては幾分大きく強く刺激を提示しながら関わってあげないと楽しませてあげることが難しいかもしれない。このようにもって生まれた遺伝的な特徴は周囲の環境そのものに影響を与えうるものなのである。

　では，その反対の影響はないのだろうか。予期しない刺激や強い刺激を与えないように関わるという子どもへの接し方は，刺激にさらされる経験を恒常的に減らすこととなったり，刺激を減らそうという不安や心配を抱える保護者のネガテティブな気持ちが子どもに伝わり，外からの刺激をより不快なものだと認識する傾向が子どもに定着したりする等して，少しずつより刺激に敏感な心と体に向かって変化していくこととなる。すなわち，遺伝が環境に影響を与えるのと同じように，環境もまた遺伝に影響を与えうるのである。このように遺伝と環境が単純な足し算ではなく，よりダイナミックにお互いに相互作用を与え合うものであるという考え方を「相互作用説」*5という。

　また，遺伝が環境に影響を与えて，環境もまた遺伝に影響を与えて…という相互の関係性を実際の親子に当てはめて考えてみると，赤ちゃんの敏感さが増せば増すほど，保護者はよりデリケートに扱うようにならざるを得なくなるし，保護者がよりデリケートに扱えば扱うほど，子どもはますます敏感にならざるを得なくなるといった具合に，元々あった遺伝や環境の特徴そのものも相

＊2　生得説を提唱した研究者らの代表的な著書は以下である。また同時に，ゲゼルは後述する成熟優位説という考え方を提唱している。

Gesell, A.L., Thompson, H., and Amatruda, C., *Infant behavior, it's genesis and growth*, McGraw-Hill, 1934. ゲゼル, A., 他，新井清三郎訳『小児発達と行動』福村出版, 1982.

＊3　環境説を提唱した研究者らの代表的な著書としては以下のものがある。

ワトソン, J.B., 安田一郎訳『行動主義の心理学』ちとせプレス, 2017.

＊4　輻輳説を提唱した研究者らの代表的な著書は以下である。

Stern, W., *Psychologie der frühen Kindheit* 7th ed., Quelle & Meyer. 1952.

＊5　相互作用説を提唱した研究者らの代表的な著書は以下である。

Jensen, A.R., *Genetics and Education*, Methuen, 1972. ジェンセン, A.R., 岩井勇児監訳『IQと遺伝と教育』黎明書房, 1978.

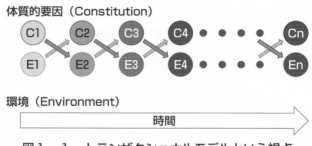

体質的要因（Constitution）

環境（Environment）

時間

図1－1　トランザクショナルモデルという視点

注）体質的要因を子どもの特徴，環境要因を親の特徴というように置き換
　　えて理解することができる

出典）Sameroff, A, J., Early influences on development : Fact or fancy?,
　　　Merill Palmer -Quarterly, 21, 1975, pp.267-294.

＊6　「相乗的相互作用モデル」とも呼ばれる理論。詳細は以下の文献に記されている。
Sameroff, A.J., Transactional models in early social relations, *Human Development*, **18**(1-2), 1975, pp.65-79.

互作用の中でより色濃くなっていくという変化が起こりうる。こうした相互作用をより複雑にとらえ，互いに影響を与え合いながら，互いに変化し合うという考え方は「トランザクショナルモデル」[*6]と呼ばれている（図1－1）。

　子どもの支援の現場では，様々な困難さを抱える子どもやその保護者と出会う中で，子ども側の特徴や保護者側の特徴のいずれかに注目し，「この子の特性の影響で…」，もしくは「この親御さんの関わりの影響で…」といったふうに，どちらかが原因（加害者）で，どちらかが結果（被害者）であるかのように感じてしまうことは少なくない。けれども，こうした視点に立つと，子どもも保護者も，どちらも必死に向き合ってきた結果，今目の前にあるような姿にならざるを得なかったのかもしれないと，より共感的に親子を理解することができるようになる。このように親子の置かれている関係性を巡る歴史を思いやり，それぞれが抱える事情に目を向ける保育者（幼稚園教諭・保育士・保育教諭をいう）の視線は，親子と共に協働的な保育を営んでいく上で重要な土台となるものである。その上で，子どもがもって生まれた特徴と，周囲の環境のもつ特徴とが悪い意味で噛み合ってしまってお互いに苦しくなっていく「発達的悪循環」を断ち切り，子どもの抱える特徴に適した環境を提供し，少しずつお互いに居心地のよい「発達的好循環」ともいえるようなよい連鎖反応を生み出せる支援をしていくこともまた，保育であり，子育て支援の一部となる。

（3）発達を支える環境をより広くとらえる視点

　子どもの発達に影響を与えるのは，目で見える直接的な環境だけではなく，目に見えない間接的な環境の影響も存在している。皆さんは今日，どんな服を身に着けて外出しただろうか。その服装は，あなたがもって生まれた遺伝的な情報や，身近な他者との関係性の影響によって選択されたものだと言い切れる

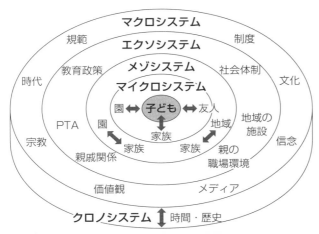

図1−2　個人を取り巻く生態学的モデル

出典）Lopez, M., et al., The Social ecology of childhood and early life adversity, *Pediatric Research*, 89, 2021, pp.353-367 より作成

だろうか。学校や職場で指定されている制服，社会マナーに即した服装，そして今社会で流行っているトレンドを反映した服装…等，そこに私たちを取り巻く文化や社会のありよう，そしてそれらの歴史といったものの影響が多分に含まれているのではないだろうか。そういった目に見える環境，目に見えない環境も含めたより広い意味での環境の影響を，人間を取り巻くシステムとして取り上げた理論が「生態学的モデル（エコロジカルモデル）」*7（図1−2）である。

　環境は子どもを中心に，子どもが直接的に関わる環境である家族や園や友だち等の「マイクロシステム」，家族と園との関係性や家族と地域の関係性等のマイクロシステム同士の関係性である「メゾシステム」，家庭や園や地域生活に影響をもたらし子どもと間接的に関わるものである「エクソシステム」，そしてこれら3つのシステムの内容に一貫性をもたらすような文化的な価値や信念といった「マクロシステム」に分類できると考えられている。

　家族と園の先生方との関係性であったり，自分と友だちの保護者同士との関係性等，子どもにとって自分を取り巻く重要人物たちの関係性は嫌でも気になるものであろう。また，園のPTA活動での人間関係，保護者の職場の忙しさやストレス度合いといったものも，知らず知らずのうちに子どもとの関わりに影響をもたらす要因となる。またそうした様々な相互作用は，その地域，社会，時代がもつ特定の風土や潮流の影響を受けており，普段あまり意識しない日々の生活における"当たり前"が，暗黙のうちに形づくられている。また，その後研究の中では，こうした4つのシステム全体が，時間の流れとともに相互に作用しながら，刻一刻と変動していくという時代間の変化「クロノシステ

*7　詳細は以下の文献に記されている。
　ブロンフェンブレンナー，U.，磯貝芳郎・福富 護訳『人間発達の生態学−発達心理学への挑戦』川島書店，1996.

＊8　**クロノシステム**：子どもの生涯を通じて起こる，あらゆる社会・歴史的な周囲の出来事や，環境の移行や変化を表していると定義されている。具体的には，災害や社会の歴史的な出来事が起こること，子どもにとってより身近なものとしては，自身の進学や就職，きょうだいの誕生，保護者の離婚や再婚等があげられる。

ム」＊8というものの存在にも注目されるようになっていった。

　このように子どもたちやそれを取り巻く家族や保育者らは，様々な環境の影響を日々知らず知らずのうちに受けながら過ごしている。保育者が，何らかの困難を抱えた子どもとその家族に対して，支援をしたいと願う時，まずは比較的に目で見て意識しやすいマイクロシステムに着目する。さらに親子がどのような関係性やその歴史の中でこれまで生きてきたのか。また自分たち支援者も含めて，今ここにおける"当たり前"がどのようにして形づくられているのかに目を向けたい。それによりそれまで十分に理解することのできなかった親子の思いや，彼ら彼女らの生きる日常がより共感的に理解できるようになる。そしてどこを支援の切り口とするのかという支援の選択肢が広がり，より手厚い支援が提供可能になるのではないだろうか。

3　生涯発達的観点からみた発達論
―関係性と相互性―

　これまで子どもの発達に焦点を当てて，そのメカニズムを概観してきたが，最後に，その視野を大人にまで広げ，一生涯に渡る人間の発達，すなわち生涯発達について一緒に学んでいきたい。皆さんは，今現在の自分が成長し続けている実感はあるだろうか。またそのスピードは子ども時代と比べてどうだろうか。内容によっては，成長が止まったと感じるものや，子ども時代よりも衰えを感じるものもあるかもしれない。右肩上がりに成長するイメージがある子どもの発達だが，大人になった私たちはこれからどうなっていくのだろうか。

（1）発達は子どもだけのものか？

　多くの人が実感しているように，子どもの頃は毎年数cmずつ伸びていた身長も高校生前後で伸びることがなくなったり，徒競走や筋力の測定の結果も昔ほど飛躍的に成長していくことはないだろう。そればかりか，年々夜更かしや食べ過ぎが翌日にもたらす影響がひどくなったり，回復に時間が掛かること感じている人もいるかもしれない。新しいことを覚えたり，新たな環境に順応することも大人になればなるほど難しくなっていくことを感じている人もいるだろう。まだ自分自身では実感したことはないかもしれないが，自分の両親や祖父母が忘れっぽくなったり，昔できていた何気ない動作ができなくなってきているということを目撃したことがある人もいるかもしれない。このように肉体的に，もしくは生物学的な観点からみると，子ども時代は未熟な状態から様々な成熟を遂げていく時期であり，いわゆる大人になると一定の水準を保ちつつ

あまり変化のない時期を過ごし，そして老年期と呼ばれるような人生の終盤に差し掛かるにつれて，体や脳神経系の衰えが進むといった過程を人間は辿っていく。発達という言葉を，「何かができるようになること（大きく変化していくこと）」ととらえた場合，発達は主に子ども時代において生じるものとなってしまうのかもしない。けれども，大人になってからの人生は本当に現状維持か，衰えていく方向なのだろうか。けっしてそうではない。家事を含めて何か特定の仕事や趣味等で経験を積んでいく中で，職業人として成長していくというプロセスは一生涯に渡って続いていき，いわゆる達人や名人と呼ばれる人たちは年配の人であることが多いだろう。また，「育児は育自」という言葉があるが，自分自身が保護者となって育児をすることで，人としての成長を感じたことを多くの保護者が実感している。

　このように知恵や総合的な判断力，人格的な成熟等の発達は一生涯に渡って続いていくのである。今日では，「発達」を子どもの時代だけのものではなく，また増加や向上といった変化だけを指すものではなく，一生涯に渡る人間の様々な機能や能力の変化全てを包括した概念としてとらえるように変化してきている。

（2）重なり合い，響き合う発達

　また発達が生涯に渡って続くものであるという観点から，子どもの発達をとらえる視野を少し広げてみると，子どもの発達の傍（かたわ）らには，子どもと共に生きる，言い換えれば，共に育ち発達する他者の存在がある。子どもからすれば親はいつまでも親として映りがちであるが，子どもを育てる親もまた同じく，自分自身の発達の過程の最中にある一人の人間である。親は祖父母にとっての娘・息子であり，夫婦における妻・夫であり，その上で子どもにとっての親である。またそれ以前に，自分自身の人生を生きる一個人である。それは保育者も同じである。その他にも，きょうだいや友だち・ライバル，気になるあの子等，一人の子どもを取り巻く関係性を共に構築する様々な他者も皆同様に，共に育つ者である。人間の発達はこのようにして重なり合うものである。

　そして共に育つ他者が，子どもの何気ない仕草や言動に肯定的な眼差しを向け，共に楽しみ，共に悲しんでくれることで，子どもはより一層その他者と一緒に楽しみたい，悲しみを分かち合いたいと願うようになる。その一方で相手の側も，子どものそうした積極的な関わりを肯定的に受け止め，楽しさを感じたり生きがいや存在意義を感じやすくなる。それゆえより一層関心を子どもに向けて…というよい循環（相互互恵的な関係）がそこにはある。このように人は他者との関係性の中で発達する存在（関係発達）[9]であり，私たち一人一人が，子どもの発達に影響を与える人間の一人である。

＊9　関係発達については，以下の文献が入門書となっている。
　大倉得史『育てる者への発達心理学 関係発達論入門』ナカニシヤ書店，2011.

コラム　　　養護と教育の一体化

　あなたが就学前施設（幼稚園・保育所・認定こども園をいう）に通っていた頃を思い出してみましょう。毎日の遊びや活動，どんなことを思い出しますか？　例えば，給食の場面を思い出してみましょう。おいしいごはんを友だちとおしゃべりしながら食べた思い出，給食のお当番をした思い出，苦手な食べ物に苦戦した思い出…それぞれ思い出すことがあることでしょう。ここでは一例として，人気メニューの一つ，カレーライスの給食で考えてみましょう。カレーライスと副菜のサラダで栄養のバランスの取れた食事となります。朝から園庭で走り回って遊んでお腹がペコペコ，そこに給食室からカレーのよい香りが漂ってくると子どもたちはワクワクします。おいしくいただいて満たされた気持ちになりますね。年齢が大きくなると自分たちで配膳もします。カレールーの量の差がないように，こぼれないように，慎重に配膳します。「どうぞ」「ありがとう」，そして「いただきます」「ごちそうさま」といった挨拶も行います。食前の手洗い，食後の歯磨きをなぜ行うのかも理解して行えるようになります。「どうしてカレーの匂いを嗅ぐとお腹がすくのかな」，「生のじゃがいもは固いのにカレーになるとほくほく柔らかくなるね」等，様々な興味・関心がわいてきます。自分たちでもカレーを作りたい！と言ってクッキングに発展することもあります。

　このように，カレーライスメニューの給食の日だけでも，給食の場面を通して子どもは多くのことを経験し，その経験の中で学んでいます。まずは子どもたちの命の源である栄養を摂ること，友だちや保育者と食事をする楽しさ・心地よさを味わえること，これらは養護の側面です。友だちのために配膳したり，量を意識したり，挨拶をしたり，不思議を感じたりすることは，教育の側面につながっています。給食の場面一つをとっても，養護と教育の一体的な営みであることがみえてきます。保育所保育指針には，保育所は「養護及び教育を一体的に行うことを特性としている」〔第1章1（1）イ〕ことが示されており，保育所保育指針解説には，「保育士等が子どもを一人の人間として尊重し，その命を守り，情緒の安定を図りつつ，乳幼児期にふさわしい経験が積み重ねられていくよう丁寧に援助すること」〔第1章1（1）イ〕と示されています。保育者は，保育において養護と教育は一体的であり切り離せないことを理解した上で，子どもの姿をとらえ，保育を計画し，実践し，振り返り，次へ進むというプロセスを歩んでいます。

第2章 発達論と保育
―関係性と相互性―

　子どもたちは心身ともに日々成長する存在である。そのような子どもたちに関わる保育者（幼稚園教諭・保育士・保育教諭をいう）は，子どもの発達を理解しておく必要がある。子どもの育ちに関する専門性をもった保育者だからこそ「発達をみる視点」「子どもをみる目」が必要である。この章では，発達を多角的に理解するための様々な理論や知識を理解していこう。

事例2－1　できないことにチャレンジする

　4歳児のB児は，走るのも速く，逆上がりもでき，物知り博士で，クラスの人気者である。そんなB児だが，唯一，ハサミが苦手である。今日も七夕飾りを作ろうと意欲満々だったが，細いところを切ることができず苦戦…，保育者はやり方のモデルを見せ，ちょん切ってしまわないコツを伝えるが，うまくいかない。保育者は見るに見かねて「テープでくっつけてもいいよ」と助け船を出した。でも，B児は顔を真っ赤にして首を横に振り，「もう一回やる」と言う。保育者は，「そうだね，作りたいもんね」と意欲を認めて励まし，そばで見守った。しかし，うまくできない。B児はしばらく考えて「テープ貼る」と言ってテープを取りに行き，飾りを仕上げた。B児は自分なりの決断をした。保育者は「また明日チャレンジしてみたらいいね」と労った。

　やりたい気持ちに寄り添い，モデルを見せて見守ってくれる保育者の存在は，子どもが安心して主体的に困難に立ち向かう意欲を高める。こうした保育者の援助には，子どもが意欲をもって自ら周りに関わり，何かをやりとげる満足感が発達を促すという発達観と保育観に基づいている。

　第2章では，子どもが主体的に環境と関わり，自信をもって生活することができるようにしていくために，発達に関する理論と乳幼児の発達を促す生活と保育者の援助のあり方について考える。

　保育者が子どもの発達を学ぶ必要があるのはなぜなのか。それは，目の前の子ども一人一人を理解するためである。子どもの発達は，日々変化があり，また一人一人そのスピードは異なる。発達の一般的な原理・原則を理解しておくことは，保育者にとって子どもの発達を個々にとらえ，目の前の子どもの歩む成長を見つめることにつながる。

1 発達の原理・原則

　人の発達は，途中で途切れたり，段階をとばして進むものではなく，速度も一定ではない。保育者は，子どもがどのような原理・原則で発達していくのか，一般的な発達を理解しておく必要がある。特に子どもの脳神経系・リンパ系は乳幼児期に著しい発達を見せ，6歳の時にはほぼ大人に近くまで成長する。

（1）発達の順序性

　子どもの発達には一定の順序性がある。発達には順序があり，ある段階を抜かして発達するということはあまりなく，一定の順序にしたがって発達していく。例えば，運動面では「首すわり→寝返り→一人で座る→ハイハイ→つかまり立ち→一人で立つ→歩く」，言語面では「喃語（なんご）→一語文→二語文→多語文」のように一つずつ段階を経ていく。

（2）発達の方向性

　子どもの発達は一定の方向性があり，特に身体や運動に関しては3つの法則がある（表2－1）。

＊1　粗大運動（移動運動）：「歩く」「転がる」「跳ぶ」「ぶら下がる」などといった，身体を大きく動かす運動のことを指す。姿勢を保ったり，バランスをとったり，身体全体を使う運動。

微細運動（操作運動）：「つまむ」「まわす」「ひねる」等といった，主に手先を細かく動かす運動を指す。手や指を使った細かく精密な動作を必要とする運動。

表2－1　発達の方向性の原則

法則1 頭部から下部へ	首→肩→腹→腰のように頭部から下部に向かって発達する。
	例：首が据わり，寝返りを打ち，一人で座ることができ，歩き始める，という発達。
法則2 中心（体幹）から末端へ	体幹→腕→手→指先，または，体幹→足→つま先，のように中心（体幹）から末端へ向かって発達する。
	例：目的のない手の動きから，興味のあるものへ手を伸ばして触れる，次第に手を伸ばすだけでなく，つまみ取ることができる，という動作の発達。
法則3 粗大運動から微細運動へ＊1	両腕をバタバタ→両手でものを握る→片手でものを握る→指先でつまむ，のように大きな動きから細かい動きへと発達する。
	例：3歳頃までは紙をちぎるという動きが，次第に4歳頃になるとハサミを使って切ることができるという発達。

出典）山下富美代『図解雑学発達心理学』ナツメ社，2006，pp.44-46を参考に著者が作成

（3）連　続　性

　発達には，途切れることなく次の段階に進む連続性がある。また，連続性をもって進むが，ペースがまちまちであったり，躓きがあったりもする。前の段階の発達の躓きは，後の段階にも影響することがある。

（4）相互関連性

　発達には，身体の各機能が独立して発達していくのではなく，互いに影響しながら進んでいくものである。例えば，運動機能が発達すると次は行動範囲が広がり，外の世界に対する関心・意欲が高まるという相互作用性がある。

（5）個　人　差

　発達には，原則的な流れがあるものの遺伝的要因と環境的要因等が影響するため個人差がある。また，個人の中でもある部分は強いが，ある部分は弱い等，機能面での差がみられることもある。

2　発達段階と発達課題

　従来より，発達心理学の分野では，人間の一生の過程（ライフサイクル）を胎児期から高齢期まで8つの発達段階に分けてとらえる（表2－2）。発達においては，できることが増えていく能力の獲得等のような上昇的変化過程だけではなく，できていたことが次第にできなくなる衰退や喪失，老化や死に至る下降的変化過程までをも含めた人間の一生をとらえる生涯発達（life-span development）の考えが発達心理学の主流となっている。

表2－2　人間の一生の過程（ライフサイクル）区分

胎児期	新生児期	乳児期	幼児期	児童期	青年期	成人期	老年期
受精〜出生まで	出生後4週間	出生〜1歳半頃	1歳半頃〜6歳頃（就学前）	6歳頃〜12歳頃	12歳頃〜20歳代前半頃	20歳代中頃〜65歳頃	65歳頃〜死まで

出典）株式会社日本総合研究所「一時保護所職員に対して効果的な研修を行うための調査研究－報告書－　別紙16 教材14 子どもの成長・発達」厚生労働省，2023，p.2を参考に著者が作成

（1）ハヴィガーストの発達理論

　教育心理学者であるハヴィガースト（Havighurst, R.J., 1900-1991）は，個人

表2-3　ハヴィガーストの発達段階と発達課題

発達段階	発達課題
乳幼児期 テーマ：生きる	歩行の学習。固形食をとる学習。話すことの学習。排泄の学習。性の違いを知り，性への慎みを学習。
児童期 テーマ：社会生活への適応	日常の遊びに必要な身体的技能の学習。遊び仲間とうまく付き合うことの学習。男子または女子としての社会的役割の学習。読み・書き・計算の基礎的能力の発達。
青年期 テーマ：親からの精神的・ 　　　　経済的な独立	両性の友人との新しい人間関係をもつこと。男性または女性としての社会的役割の達成。自分の身体的変化を受け入れること。両親や他の大人からの情緒的独立の達成。経済的独立の目安を立てること。
壮年期 テーマ：新たな集団	配偶者との生活を学ぶこと。子どもを育てること。市民的責任を負うこと。適した社会集団を見つけること。
中年期 テーマ：次世代への継承	大人としての社会的責任を達成すること。一定の経済的生活水準を築き，それを維持すること。中年期の生理的変化を受け入れ適応すること。年老いた両親に適応すること。
老年期 テーマ：死と向き合う	肉体的な力と健康の衰退に適応すること。引退と収入の減少に適応すること。配偶者の死に適応すること。

出典）山下富美代『図解雑学発達心理学』ナツメ社，2004，pp.16-17を参考に著者が作成

が健全な発達を遂げるためには，発達のそれぞれの時期で果たさなければならない発達上の課題があるとして，人生を6つの発達段階に分け，各段階にある具体的な課題を提唱した（表2-3）。

（2）フロイトの自我の発達段階と発達課題

精神分析学者であるフロイト（Freud, S., 1856-1939）は，人間の乳幼児期から青年期までに行動や発達を推進させる力を，本能衝動としての性本能にあるとした。この性本能をリビドー（性エネルギー）といい，一定の時期に身体の特定の部位の感覚が敏感になることから，リビドーにも発達段階があると考えた。そして，人間の自我の発達の観点から，敏感になる身体の部位に基づいて5つの発達段階を提唱した（表2-4，p.79参照）。

（3）エリクソンの心理社会的発達理論

発達心理学者であるエリクソン（Erikson, E.H., 1902-1994）は，社会的承認欲求を基盤にした自我の発達を論じた。人生を8つの発達段階に分け，それぞれの段階で乗り越えなければならない課題があり，乗り越えられた時に獲得される自我の力と乗り越えられなかった時に陥る心理的危機の両面から各発達段階を説明した（表2-5）。

表2－4　フロイトの心理・性的発達

発達段階	
口唇期 （0〜1歳）	口唇期は，母親から乳を与えられ，授乳という行為を通して乳児と母親との愛着が形成される。また，授乳がされていない時はおしゃぶりや自分の指を吸っているという行動もみられる。
肛門期 （1〜3歳）	肛門期は，肛門周辺部分の感覚が発達し，適切なタイミングで排泄ができるようになり，トイレトレーニングを開始する時期である。排泄による快感を得るため，我慢という行動もみられる。
男根期・ エディプス期 （4〜5歳）	男根期は，性への関心が芽生え，意識・識別をするようになる時期である。この時期に男女の違いにも興味を示すようになり，男らしさや女らしさの意識に影響する。もう一つの特徴として，同性の親に同一化することで，自分とは異なる性の親（女児は父親，男児は母親）に対して愛情をもつようになる。その際に同性の親をライバル視することをエディプス感情という。
潜伏期 （学童期）	潜伏期は，性的な欲動は抑圧され表に出なくなり，その衝動は学習やスポーツに向けられるようになる。この時期の子どもは，社会のルールや知識の獲得，友人関係の構築，興味や関心があることに力を注ぎながら社会性を身に付けていく。
性器期 （12歳以降の青年期）	性器期は，身体的な成熟が伴って，再び性の欲動が顕在化し，大人の異性愛が芽生える。また，心理的離乳の時期ともいわれており，心理的に自立する時期のことを指す。これまでの各段階で発達してきたリビドーが統合される。

出典）鹿取廣人，他編『心理学』東京大学出版会，2004，pp.238-239を基に著者が作成

表2－5　エリクソンの心理社会的発達理論

期 （年齢）	発達課題	エリクソンの心理社会的危機		
		ポジティブな面	ネガティブな面	成長させる面
乳児期 （0〜1）	基本的信頼感	基本的信頼　　VS　　基本的不信 （trust vs mistrust）		希望 （hope）
幼児前期 （2〜3）	自律性	自律性　　VS　　恥・疑感 （autonomy vs shame）		意思 （will）
幼児後期 （3〜6）	自主性	自主性　　VS　　罪悪感 （initiative vs guilt）		目的 （porpose）
学童期 （6〜12）	勤勉性	勤勉性　　VS　　劣等感 （industry vs inferiority）		有能感 （competency）
青年期・思春期 （12〜18）	アイデンティティ 自我同一性	自我同一性　　VS　　同一性拡散 （identity vs identity confusion）		誠実 （fidelity）
成人初期 （18〜40）	親密性	親密性　　VS　　孤立 （intimacy vs isolation）		愛 （love）
壮年期 （40〜65）	生殖性（世代性）	世代性　　VS　　停滞 （generativity vs stagnation）		世話 （care）
老年期 （65〜）	統合性	統合　　VS　　絶望・嫌悪 （ego integrity vs despair）		英知 （wisdom）

出典）鹿取廣人，他編『心理学』東京大学出版会，2004，p.239を基に著者が作成

＊2　同化：保有しているシェマに新たな情報が入ってシェマが豊かになること。
調整：保有しているシェマに新たな情報が入って更新され，シェマが変わること。

＊3　シェマ：ピアジェの「シェマ」は，認知的な枠組みを指す概念である。人は外界の事象を認識するための枠組み（シェマ）をもっていると想定し，外界の事象を自己のシェマに取り入れること（同化）や，外界の事象に合うよう既存のシェマを修正すること（調整）によって外界を理解していくとされる。そして，同化や調整を繰り返し（循環反応）ながら，既に知っていることを修正したり，新しい見方を手に入れたりしてバランスがとれた状態（均衡化）になると，新しいシェマを手に入れたといえる。このようにしてシェマを広げたり，深めたりしながら，状況の求めに応じ臨機応変に対応できる（操作）までに自分のシェマを変化させることで，できることが増えていくのである。

（4）ピアジェの発生的認識論における発達段階と課題

　発達心理学者のピアジェ（Piaget, J., 1896-1980）は，認知の発達を同化と調整＊2という2つの働きによって，子どもが世界を認識するための枠組みであるシェマ＊3を変化させていくプロセスと考え，主に4つの段階からなる認知の発達理論を提唱した（表2-6）。

表2-6　ピアジェの認知発達理論

①感覚運動期		0〜2歳頃
②前操作期	前概念的思考	2〜4歳頃
	直観的思考	4〜7・8歳頃
③具体的操作期		7・8歳から11・12歳頃
④形式的操作期		11・12歳頃〜14・15歳頃

出典）深見公子『いちばんわかりやすい保育士合格テキスト』成美堂出版，2018，p.25を基に著者が作成

① 感覚運動期は，五感を通して環境に適応していく。見る，聞く，触るといった直感的な感覚体験・運動体験を通して世界を認識するための枠組み（シェマ）を発達させていく。その際，同じ行動を繰り返しながら（循環反応），次第にそれを複雑化させていく。

② 前操作期は，2〜4歳の前概念的思考の段階と，4〜7・8歳の直感的思考の段階に分けられる。

・前概念的思考の段階は，言葉の使用と象徴機能の発達によって，見立てる能力が付き，見立て遊びや，簡単なごっこ遊びがみられる。また，どのようなものにも命や意思があると考えるアニミズム思考もこの時期にみられる。

・直感的思考の段階は，漠然としたイメージが関連付け，整理されて一般的な概念との関係が理解できるようになる。これを「概念化」という。

③ 具体的操作期は，保存の概念を獲得する時期である。具体的な物事であれば，概念を用いた論理的な思考（操作）が可能になり，見かけの変化に惑わされずに判断できるようになる。

④ 形式的操作期は，具体的ではないものであっても論理的思考が可能となる。仮説の話を現実に当てはめて理解し，検証できるようになる。

3　発達と保育
——乳幼児の発達にふさわしい生活・保育のあり方——

　乳幼児期の子どもは，周囲の影響を受け，毎日変化しているといってもよいほど，速いスピードで発達し，様々な周囲の環境を通して自分をつくりあげている。つまり，常に発達をしている子どもたちは様々な可能性をもち，一瞬一瞬を感じながら"今"を生きているのである。この尊い存在である子どもたちの発達にふさわしい生活・保育のあり方について考えてみたい。

（1）一人一人の子どもを見つめる

　保育者は，前述した様々な発達理論を念頭におきつつ，一人一人の"個（子）を尊重する"ことが重要である。この時期の子どもは月齢差*4もみられ，同じ年齢の子どもであっても，発達や特性は一人一人異なっており，一人として同じ子どもはいない。実際の保育では，保育者は一度に複数の子どもたちをみているため，全体（クラス全体）と一部（個人）を見る視点や切り替えが必要である。子どもたちは，一人一人違っているからこそ，かけがえのない存在である。それぞれが異なる発達の個人差*5があるからこそ，それぞれの発達も刺激されるのである。

（2）環境を通して行う保育と保育者のあり方

　保育の環境の中には，自然，施設設備や遊具等の物的環境，保育者，地域の人，他の子どもたちといった人的環境がある。特に保育者は，子どもの発達をサポートするために，園にある物的環境や保育者自身という人的環境をよく知り，子ども一人一人の発達に適した環境をうまく調整する役割がある。

1）人と共に育つ

　子どもは周囲の人の影響を受けて育つ。特に人と共に育つ視点は人格形成の基礎にもつながる。新生児期・乳児期は人との関わりが重要であり，原始反射や育つ力等を使いながら，保護者との関係を築いていく。これを土台として，特定の大人以外との人（子ども）や環境との関わりが広がっていく。人間はこのように，一人では育つことはできず，人と関わることで育ちあっていく。就学前施設（幼稚園・保育所・認定こども園をいう）では保育者との関係性や保育者の言動が与える子どもたちへの影響は大きい。保育者との関わりの中で受け入れられ，ありのままの自分を認められることで，様々な経験に主体的に関わることが可能になる。

*4　**月齢差**：月齢（早生まれと遅生まれ）による違いであり，著しく発達する乳幼児期は，同年齢でも月単位で発達の差が生まれることもある。早生まれと遅生まれによる発達の差は，中学校に進学する頃には目立たなくなるといわれている。日本の法律上の，早生まれは，1月1日〜4月1日の間に生まれた子ども。遅生まれは4月2日〜12月31日の間に生まれた子どものことである。

*5　**発達の個人差**：子どもは一人一人異なる発達をすることを指す。発達は一定の原則はあるが画一的に進むものではなく，子どもを取り巻く環境や文化，周囲の人からの働き掛けにも大きく影響される。

2）環境と共に育つ

　子どもは周囲の物的環境にも影響を受けて育つ。身の回りに用意された玩具や遊具，生活用具や自然，生き物等に興味や好奇心をもち，それらに自ら関わることで，外の世界に対する好奇心や関心をもつようになる。こうした物的環境による影響や活動の中で自分から物や人に関わっていこうとする自発性を育んでいく。

　日々の保育は，目の前にいる子どもの発達を見据えて，適切な環境を構成し遊びを通して行われる。子どもたちは，就学前施設での環境や自らの経験全てに日々刺激を受けながら過ごしている。保育者は，工夫・計画して発達を促す環境調整を行うことが求められる。

（3）発達理論に基づく保育と保育者の柔軟性

　本章では，発達について様々な原則や理論の学びをしてきた。保育者は，専門職として各年齢の発達段階や特徴をとらえ，実際の保育の中で子どもの発達を援助する保育活動の展開をしていくことが求められる。特に，乳幼児期の子どもの発達は著しいだけでなく，その時期に培われたものはその後の人生の土台ともなる。日々の保育や遊びを展開する時，または指導計画の作成をする時等，各年齢の子どもの発達や育ちを理解しておくことは，子どもの一人一人の発達を導く役割である保育者にとって必要な知識である。そのような重要な時期に関わる保育者は子どもの発達に関する理論を十分に学んでいることが望ましい。

　また，発達に関する理論の理解と合わせて，現代の日本社会・世界の考え方を柔軟に取り入れることも必要となる。現代社会ではインクルージョン（包括）やダイバーシティ（多様性）等の考え方が広まっている中で，発達に関しても個性としてありのままを受け入れることや，性に関しても性別役割の考え方は以前と変化してきており，保育者自身がこれまでの理論だけで子どもをとらえるのではなく，現代の多様性を理解して尊重する考え方に対応していく。その他にも，子どもたちを取り巻く生活は便利で豊かになり，様々な電子機器やツールが活用されている。保育・教育の場にもICT（情報通信技術）機器の導入がなされており，子どもの発達に影響を及ぼすことも考えられる。これからは，理論に基づきながら保育者の柔軟性も求められる。

●参考文献

内田伸子「特集　人文・社会科学が発信する市民的課題『3歳児神話』は『真話』か？―働く親の仕組みを見直し，社会の育児機能を取り戻す―」学術の動向，15

巻2号，2010，pp.2-86.

大石史博・西川隆蔵・中村義行編者『発達臨床心理学ハンドブック』ナカニシヤ出版，2010，pp.2-8.

鹿取廣人，他編『心理学 第5版補訂版』東京大学出版会，2020.

中井大介「学校心理学に関する研究の動向と課題―生態学的システム理論から見た学校心理学―」教育心理学年報 vol.55，2016，pp.133-147.

菊池龍三郎『教育の原理と社会教育の意義・特質』国立教育政策研究所，2012，pp.2-3.

深見公子『いちばんわかりやすい保育士合格テキスト』成美堂出版，2018，pp.37-59.

鈴木乙史・佐々木正宏『パーソナリティと心の構造』河出書房新社，2006，pp.46-50，pp.152-159.

濱本潤毅「フロイトと精神分析における発達段階論の形成過程―乳幼児の発達理論の再検討に向けて―」東京大学大学院教育学研究科紀要，第62巻，2022，pp..571-581.

丹野義彦，他『臨床心理学』有斐閣，2015，pp.165-170.

コラム　環境を通して行う保育

「環境を通して」という言葉は，保育所保育指針，幼保連携型認定こども園教育・保育要領，幼稚園教育要領のそれぞれにおいて，第1章に記述されており，乳幼児期の子どもにふさわしい保育のあり方として，「環境を通しての保育」が行われているということがわかります。

他にも，保育所保育指針に「子どもが自発的・意欲的に関われるような環境を構成し，子どもの主体的な活動や子ども相互の関わりを大切にすること（以下略）」〔第1章 1（3）オ〕や「子ども自らが環境に関わり，自発的に活動し，様々な経験を積んでいくことができるよう配慮すること」〔第1章 1（4）ア〕と示されています。また，幼保連携型認定こども園教育・保育要領において，「自ら意欲をもって環境と関わることによりつくり出される具体的な活動を通して，その目標の達成を図るものである」〔第1章 第2 2（1）〕と示されています。

「環境を通して行う保育」とは，保育者が子どもにとってよりよい環境を構成し，その環境に子ども自身の興味・関心が触発されて，好奇心をもって関わりたくなること。あるいは，子どもが相互の関わりや，具体的な活動を展開していくことを通して，心身の成長を図ることが基本の考えです。これらは，今日の保育現場において，いずれの園でも共通することといえます。

乳幼児期の子どもは，具体的な経験を通して理解し，学んでいくという特性から，子どもが身近なあらゆる環境からの刺激を受け止め，自発的，意欲的に環境に関わろうとします。これらの様々な活動が，環境への関わり方，工夫の仕方を身に付けていく機会となります。

環境をとらえる視点は，人的，物的，自然，社会，文化等，他にも様々な要素があります。人的環境は，身近な大人が多様な環境への関わり方をモデルとして示すことで，子どもは様々なことの変化に気付きます。やがてそれらが，自らの働き掛けによっても反応したり，変化したりすることを知ると，これらの経験が別の環境への自発的な関わりにつながっていきます。

物的環境は，例えば，つい触りたくなる「砂や水」，動かしてみたくなる「遊具や用具」，思わず声を出してしまう「落ち葉のじゅうたん」，関わりたくなる「ちいさな生き物」等，したいことがすぐに実現できるような応答性のある環境が重要です。しかし，保育者が選択したもののありようは，様々な特徴があり，対象によって子どもの関わり方も違ってくるため，その配置が適切か，子どもの興味や関心にあっているか等を常に留意しなくてはなりません。

自然環境は，身近な自然と触れ合う中で様々な事象に興味や関心をもち，自分から関わり，発見を楽しみ，考え，それらを生活に取り入れようとします。子ども自身が，「やりたい」と思える環境を通して，楽しんで活動に取り組み，環境との相互作用で「○○した」という喜びや達成感や充実感を味わうことができます。子どもが自ら環境との関わりを深め自分のものにしていく，そこから生まれる活動を通して保育の目標が達成されます。

参考文献

神田伸生・高橋貴志編著『演習保育内容総論－保育の総合性を読み解く』萌文書林，2019.

第3章 子どもの学びの理論
—日々の経験から生まれる学び—

「学び」と「学習」は，似ている言葉であるが，保育では「学習」よりも主体的な営みである「学び」の方がよく使われる。本章ではまず「学び」と「学習」という語の意味について考える。その上で学びと学習の理論として，試行錯誤学習，古典的条件付け，オペラント条件付け，洞察学習，恐怖条件付け，観察学習，学習性無力感について説明する。学びと学習の成立と条件に関しては，学びと学習のために必要なレディネスと主体的活動，そして学びと学習のために活用できる強化理論，さらに学びと学習のために望ましい状態や環境について述べる。

事例3−1　友だちとのつながりの中で生まれる「学び」

　園庭では3・4・5歳が好きな遊びに夢中である。3歳児は，園庭の隅のままごとコーナーで保育者（幼稚園教諭・保育士・保育教諭をいう）と一緒に，砂でハンバーグを作ったり，ひもでラーメンを作ったりしている。どの子も作ったものは保育者に持って行き「はいどうぞ」と大忙し。保育者はどの子のものもおいしそうに食べながら「Cちゃんのハンバーグ，Dちゃんもどうぞ」と勧めたりしている。4歳児は，布をマントにしてテレビのヒーローになり，保育者を悪役にして戦いを挑んだり，子ども同士で敵と味方になったりしながらごっこ遊びを楽しんでいる。最後は敵役がいなくなってしまって，また保育者を標的にするといった繰り返しである。5歳児は，こおり鬼を楽しんでいて，鬼にタッチされて氷になった子を別の子がタッチすると溶けてまた走ることができる，というルールをみんなで確認しながら，子ども同士で楽しんでいる。

　遊びの過程で，子どもはものの性質や特性，自己表現の仕方，人とのつながり方を経験し，自分の内面世界と他者と共有された世界づくりを学んでいく。これらの経験による学びは，その経験内容によって，また年齢によって，学び方が異なる。第3章では，子どもの学びの理論について学ぼう。

1 「学び」と「学習」

　「学び」と「学習」は，よく似ていて，「学習（学び）」というように書かれている文献もあるが，別の言葉として扱われている文献もある。広辞苑によると「学び」は「まなぶこと」[1]で，「学ぶ」は「まねてする」「ならって行う」「教えを受けて身に付ける」「習得する」「経験を通して身に付ける」[1]と示されている。一方，「学習」は「まなびならうこと」「経験によって新しい知識・技能・態度・行動傾向・認知様式などを習得すること，およびそのための活動」[2]と示されている。

　「学び」の研究をしてきた佐伯は，「わたしたちは『つねに学びつづけていく』ことによって『何ものか以上のもの』になっていく」[3]と述べ，さらに「『学ぶ』というと，いかにも学び手自身の主体的な営みのようだ」[4]と述べ，「『学習』というと，学習者自身の主体的な営みというより，学習の生起に関して学習者の意図や学習内容も関与しない」[4]と述べている。そして「1990年代以降，教育をめぐる議論において『学び』という用語が重視されてきた」[5]と述べられている。

　保育関係の本では，たいてい「学び」という文言のほうをよく使用している。保育においては，前頁の事例3－1のように，経験内容や年齢によって学び方が異なる。子ども主体の学びが生まれる保育にするためには，保育者が子どもたちの発達を考慮して遊びを考え，想定される子どもたちの活動での経験内容を検討して，環境構成を工夫する。そして発達に応じた関わりをしていくことが必要であろう。

　幼稚園教育要領（第1章 第1）において，「幼児の自発的な活動としての遊びは，心身の調和のとれた発達の基礎を培う重要な学習であることを考慮して，遊びを通しての指導を中心として第2章に示すねらいが総合的に達成されるようにすること」[*1]という文で「学習」という文言が用いられている。しかし保育所保育指針には，保育所での遊び自体を「学習」であると明記した文章はなく，小学校との連携に関するところに「保育所においては，保育所保育が，小学校以降の生活や学習の基盤の育成につながることに配慮し，幼児期にふさわしい生活を通じて，創造的な思考や主体的な生活態度などの基礎を培うようにすること」〔第2章 4（2）〕とある。この「小学校以降の生活や学習の基盤の育成」については幼稚園教育要領（第1章 第3 5）と幼保連携型認定こども園教育・保育要領〔第1章 第2 1（5）〕にも示されており，保育における「学習」は小学校における学習の基盤の育成を示すことが多い。

1）新村 出編『広辞苑』第七版 岩波書店，2018．p.2772.

2）1）と同じ，p.521.

3）佐伯 胖『学びの構造』東洋館出版社，1975．p.175.

4）佐伯 胖『「学ぶ」ということの意味』（シリーズ 子どもと教育教育をふかめる）岩波書店，1995．p.2.

5）山中左織「佐伯胖の『学び』論の形成過程」」教育方法の探究，25，2022，p.53.

＊1　幼保連携型認定こども園教育・保育要領（第1章 第1 1）にも同様の内容の記述がある。

2　学びと学習の理論

　心理学において「学習」とは，一般的に用いる勉強とも呼ばれる学習だけでなく，より広義であり，経験による行動の変容あるいは行動の可能性の変化のことである。このような学習の心理学的理論のことを「学習理論」という。学習理論は，環境の中での経験による行動の変容に注目するもので，環境における経験を重視する立場である。したがって，子どもの発達も，環境との相互作用における学習によって左右されると考えられた。

（1）ソーンダイクによる「試行錯誤学習」

　ソーンダイク（Thorndike, E.L., 1874-1949）は，ネコの問題箱と呼ばれる実験装置（図3－1）を用いた実験で，ネコが試行錯誤を繰り返すことによって，問題箱の鍵をはずして外に出られるようになる時間が短くなっていくことを示した[6]。このような試行錯誤による学習のことを試行錯誤学習という。

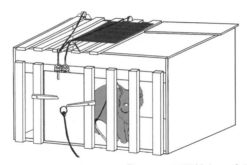

図3－1　ソーンダイクの「ネコの問題箱」の実験装置

（2）パブロフによる「古典的条件付け」

　パブロフ（Pavlov, I.P., 1849-1936）は，実験で図3－2のような実験装置で，イヌにエサを与える時にベルやメトロノームの音を何度も聞かせると，ベルやメトロノームの音を聞いただけでエサが与えられなくても唾液を分泌させるようになったことを示した[7]。つまり音とエサという刺激の対呈示（2つの刺激を同時に与える）によって刺激間に連合が起こり，音の刺激だけで唾液を分泌するという反応が生じるようになったことを発見した。これを古典的条件付け（レスポンデント条件付け，パブロフ型条件付け）という。

6)　Thorndike, E.L., *Animal Intelligence*：An Experimental Study of the Associative Processes in Animals, *Psychological Review*, Monograph Supplements, **2**, 1989, pp.4-160.

7)　Pavlov, I.P., *Conditioned reflexes*, London Oxford University press, 1927.

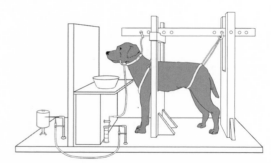

図３－２　パブロフの古典的条件付けの実験装置

（３）スキナーによる「オペラント条件付け」

　スキナー（Skinner, B.F., 1904-1990）は，実験で図３－３のように，内側にレバーがあり，レバーを押し下げるとエサが出てくる仕組みになっているスキナーボックスと名付けた実験装置を用いて実験を行った。スキナーボックスに入れられた空腹のラットやハトは，いろいろな行動をとる中で偶然にレバーやキーに触れてエサを手に入れることを経験するうちに，レバーやキーを自発的に押し下げる回数が増えていく[8]。このような自発的に起こるオペラント行動*2の直後の環境の変化（エサが出てくる）に応じて，その行動のその後の自発頻度が変化すること（学習）を発見した。これをオペラント条件付けという。

　このスキナーボックスでの実験で，ネズミが偶然レバーを押すとエサが出てくるということを学習すると，レバーを頻繁に押すようになっていく。この場合，エサが出ることがレバーを押すことを強化したと考える。

8) Skinner, B.F., A case history in scientific method, *American Psychologist*, **11**(5), 1956, pp.221-233.

＊2　オペラント行動：誘発刺激によって起こるレスポンデント行動とは異なり，誘発刺激（無条件刺激）をもたない行動で，本来自発的な行動のことをいう〔オペラント（operant）とは，オペレート（operate）からのスキナーによる造語である〕。

図３－３　スキナーボックス

（４）ケーラーによる「洞察学習」

　ケーラー（Köhler, W., 1887-1967）は，チンパンジーが，周囲の状況から洞察

することによって問題解決をしていくという学習が成立することを発見した[9]。図3－4のように，チンパンジーの手の届かない高い所にバナナが吊るされていて，床には複数の箱があるという状況において，チンパンジーはしばらくバナナや箱等を見て，バナナを取る方法を考えて洞察し，地面に転がっている箱を積み上げて，積み上げた箱の上に立つことでバナナに手が届き，バナナを手に入れることができた。このような洞察による学習のことを洞察学習という。

9）　Köhler, W., *The mentality of apes*（E. Winter, Trans.），Harcourt, Brace, 1925.

図3－4　チンパンジーによる洞察学習

（5）ワトソンによる「恐怖条件付け」

ワトソン（Watson, J.B., 1878-1958）らは，恐怖条件付け実験を行った。この実験で，生後11か月のアルバートという乳児が，白いネズミを見せられて，触ろうとする行動を行うと，その背後で鋼鉄の棒をハンマーで叩いて大きな不快な音をたてるということを繰り返し経験させた。すると実験前にはネズミを怖がっていなかったアルバートが，実験後にはネズミを怖がるようになり，ネズミだけではなくウサギや毛皮のコート等，似た特徴をもつものにまで恐怖を示すようになった（図3－5）[10]。このように類似した別の条件においても，同様

10）　Watson, J.B., & Rayner, R., Conditioned emotional reactions, *Journal of Experimental Psychology*, 3（1）, 1920, pp.1-14.

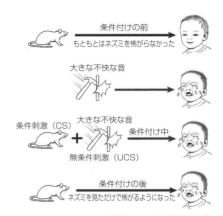

図3－5　ワトソンの実験による恐怖の条件付け

の反応が生じるようになることを一般化という。ワトソンは，この恐怖条件付けの実験結果から，大人の抱く不安や恐怖も，多くはそれまでの類似した経験によると考え，発達における経験の重要性を示した。

（6）バンデューラによる「観察学習」

バンデューラ（Bandura, A., 1925-2021）らは，子どもが他人の行動を見るだけで，他者をモデルとして，そのモデルの行動を習得して，模倣する学習のことを観察学習（モデリング学習，模倣学習）と呼び，社会的学習理論を提唱した[11]。

この実験では，下の図3−6の最上段のように，人が人形に攻撃行動をしているところを目前で見る実験群①と，その場面を撮影した実写動画を見る実験群②，あるいは同様の攻撃行動をする動物キャラクターが登場するアニメーションをみる実験群③，あるいは攻撃行動を見ない統制群との4群に実験協力者を分けて，その後の各群の実験協力者の行動を調べた結果が図3−7である。その結果，攻撃行動を見る実験群①②③のいずれにおいても観察学習が成立していたことがわかった。

11）Bandura, A., Ross, D., & Ross, S.A., Imitation of film-mediated aggressive models, *The Journal of Abnormal and Social Psychology*, **66**(1), 1963, pp.3-11, Table1.

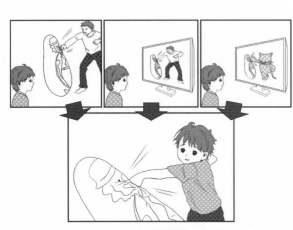

図3−6　観察学習の実験

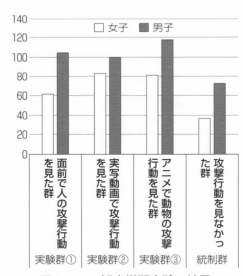

図3−7　観察学習実験の結果

注1）実験参加者96名（各群：男子12人と女子12人）平均年齢：約4歳4か月
　2）縦軸の数値は子どもが示した攻撃行動数（モデルの攻撃行動を模倣してボボ人形を叩いたり蹴ったりした攻撃行動数）
　　出典）11）の文献の表1を基に著者作成

（7）セリグマンによる「学習性無力感」

　セリグマン（Seligman, M.E., 1942-）らは，イヌに電気ショックから逃れられないという経験を繰り返し体験させた後で，そのイヌを電気ショックから逃れられるところに入れても，もはや逃れようとしなくなってしまったことを発見した（図3－8）[12]。このように問題解決のためのどのような努力も効果がないという経験をすると，努力しても無駄だという無力感を学習してしまう。このことを学習性無力感という。

スイッチを押すことで電気ショックをストップできることを体験した場合　　電気ショックをストップできないことを体験した場合　　電気ショックを体験しなかった場合

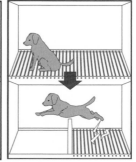

電気ショックから逃れようとしない

電気ショックを止めるスイッチ

図3－8　学習性無力感を示した実験装置

③　学びと学習の成立と条件

（1）学びと学習のために必要なレディネス

　学びと学習の成立条件として，まずレディネス[*3]の必要性について述べる。学びと学習の成立にとって必要な心身の準備性のことをレディネスという。レディネスがない場合には学びと学習の成立のための条件となる体力や知識等が足りないために習得しにくいといわれる[*4]。例えば，文字や文章を書くことを学ぶためには，発声したりコミュニケーションをとったりする力がある程度は必要になる。この場合，発声したりコミュニケーションをとったりする力は，文字や文章を書くことを学ぶために必要なレディネスの一つともいえるだろう。保育者は，子どもたちのレディネスを把握・考慮して，保育環境を構成し，保育実践していくことが必要である。

12) Seligman, M.E., & Maier, S.F., Failure to escape traumatic shock, *Journal of Experimental Psychology*, **74**(1), 1967, pp.1-9.

＊3　レディネスは，本章p.27で紹介したソーンダイクが提唱した（Thorndike, E. L., *Educational Psychology Volume II：The Psychology of Learning*, NY：Teacher College, 1913.）。

＊4　ゲゼル（Gesell, A.）は，一卵性双生児に階段を上る訓練を行い，生後46週目から訓練を行う場合には長く掛かり，生後53週目から訓練を行う場合では短時間でできるようになることがわかった。この結果から，心身の学習に対する準備性（レディネス）が整ってから学習するほうが学習効果が高いと述べた。

Gesell, A. & Thompson, H., Learning and growth in identical infant twins：An experimental study by the method of cotwin control, *Genetic psychology monographs*, **6**, 1929, pp.5-124.

（2） 学びと学習のために必要な「主体的活動」

　乳幼児期における望ましい学びと学習の成立条件として，「主体的活動」があげられる。乳幼児期の子どもはわくわくしながら取り組む主体的活動を通して，より多くのことを学ぶ。幼稚園教育要領（第1章 第4 3）には，「幼児の発達に即して主体的・対話的で深い学びが実現するようにするとともに，心を動かされる体験が次の活動を生み出すことを考慮し，一つ一つの体験が相互に結び付き，幼稚園生活が充実するようにすること」[*5]と示されている。主体的・対話的で深い学びが実現するかどうかは，保育者という人的環境によるところもあり，子どもの発達等をよく理解して適切な環境を用意することが望まれている。

*5　幼保連携型認定こども園教育・保育要領〔第1章 第2 2 (3)〕にも同様の内容の記述がある。

（3）「強化」について

　乳幼児期における望ましい学びと学習の成立条件としては，「強化」も重要である。先に述べた条件付けの学習の際に，刺激と反応を結び付けて，それらの結び付きが強まることを強化という。そして刺激と反応を結び付けることになる報酬や罰のことを強化子という。先に述べたスキナーボックスを用いた実験では，動物にとってエサが強化子となっていた。保育の場においては，刺激と反応を結び付けることになる保育者の認める言葉や表情，温かい眼差しも重要な強化子となりうる。基本的生活習慣や社会的行動の獲得も，オペラント条件付けや観察学習のような学習を繰り返し経験してきた結果であるともいえよう。子どもの望ましい行動が強化されて，望ましい行動がよく生じるようになるのかは，望ましい行動をするモデルの存在や望ましい行動をした時の保育者による働き掛け（強化子）によるところが大きい。

（4） 学びと学習のために望ましい「環境」

　ここではマズロー（Maslow, A., 1908-1970）の提唱した欲求階層説（図3 - 9）に基づいて乳幼児期の子どもにとって望ましい学びと学習のための「環境」について考えてみたい。

　まず，子どもの学びと学習にとってベースとなる生理的欲求と安全の欲求が満たされていることが必要である。また子どもにとって，安心できる居場所のある環境の中で，自分を愛してくれる人がいて，人から認められる経験のできる環境にいることも必要である。

　子どもたちは，保育者を含めた人的環境を通して安心・安全を感じながら多くのことを学ぶ。そのため保育者は自らの言動を常に振り返り，子どもたちの

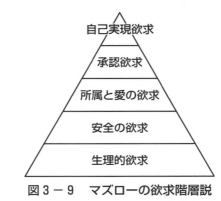

図3－9　マズローの欲求階層説

参考）アブラハム マズロー，小口忠彦訳『改訂新版 人間性の心理学：モチベーションとパーソナリティ』産業能率大学出版，1987，pp.56-72等を参考に著者作成

学びのために望ましい言動を心掛ける必要がある。また保育者は，子どもの行動がいかに学習されたのかを多角的にとらえて考えようとする視点をもつことで，子ども理解を一層深めることができる。そして子どもが園生活や遊びの中でどのような経験を積んできたのかを記録し，省察し，それらの経験による学びが小学校以降の学びとどのようにつながるのかを考えることも保育者には必要である。

　保育所保育指針では，保育所において生涯に渡る生きる力の基礎を培うために育みたい資質・能力の一つとして，「心情，意欲，態度が育つ中で，よりよい生活を営もうとする『学びに向かう力，人間性等』」〔第1章 4（1）〕をあげている。子どもたちは環境を通して自発的・主体的に遊ぶことで，多くのことを学んでいく。したがって保育者は，子どもたちが主体的に生き生きと遊ぶという活動ができるように考えながら環境を工夫して構成することが求められる。

　さらに保育所保育指針に「保育の質の向上を図っていくためには，日常的に職員同士が主体的に学び合う姿勢と環境が重要であり，職場内での研修の充実が図られなければならない」（第5章 3）と示されている。つまり，日頃から保育者自身も主体的に学び合う姿勢を忘れてはいけないのである。そして保育者の主体的に学び合う姿勢と行動がよいモデルとなり，子どもたちに観察学習されることで，学び合うことが強化され，学び合うことに意欲的になることができるのではないだろうか。子どもたちの「学びに向かう力，人間性等」を育んでいくためには，保育者の望ましい「学びに向かう力，人間性等」を子どもたちに日々見せられるようにしてほしい。

コラム　　子ども主体の保育

　入園まで家庭で過ごしてきた子どもたちは，就学前施設（幼稚園・保育所・認定こども園をいう）で多くの新しい環境に出会います。これまで触れたことのない遊具や玩具，様々な素材に刺激を受け，興味津々の思いで関わっていく場面を目にします。さらに保育者は，子どもの興味・関心に合わせて思わず触れたくなる，関わりたくなる環境を準備し，子どもを新しい遊びへと誘います。そうすることで，子どもたちは周囲の環境に関わりながら様々な発見をし，その面白さに心を奪われることでしょう。このように時間を忘れて遊びに集中し没頭する中で，子どもは充実感や達成感を味わい，さらには思考力や想像力等，様々な力を身に付けていきます。

　初めは自分の興味を中心として一人で遊んでいた子どもも，やがては同じ場所で遊ぶ他児に関心を寄せ始めます。そのような機会をとらえて，保育者は共に遊びに参加しながら，それぞれの遊びの面白さや不思議さ等を子ども相互に伝え，お互いの興味を刺激します。このような保育者の働き掛けを得て，子どもはさらなる遊びの発展を経験し，興味・関心の範囲，すなわち学びの範囲を広げていくことでしょう。やがては保育者の手助けがなくても，友だち同士で意見を出し合い工夫することで，自分一人では味わえない楽しさや友だちと力を合わせるからこそ成し遂げられる経験を繰り返し，他者と協力したり思いを伝え合ったりすることの大切さに気付いていきます。一方で，多くの友だちと関わる中では，自分の意見が通らない悔しさを味わったり，自分とは異なる相手の思いに気付いたりすることもあるでしょう。このような遊びを通した多面的な発達の様子を保育所保育指針解説は，「集団で行う活動を中心とする生活に適応していく過程で，同時に，一人一人の思いや個性が十分に発揮されることも重要である。それぞれが集団の中で受け入れられている安心感をもちながら友達と関わり合うことで，遊びや活動の展開は豊かなものとなり，そこでの経験はより広がりや深まりをもつようになる」〔第 1 章 1（3）エ〕と指摘しています。保育者は常に，目の前の子どもが何に興味を抱いているのか，子どもが自ら「ひと，もの，こと」といった環境に関わって活動を展開するためには，どのような援助が必要なのかを十分考えておくことが必要でしょう。保育者は，発達の見通しをもちながら保育を計画し，子どもの生活を支えますが，それは一人一人の子どもがその子らしく成長し，やがては自立して社会で生きていくための土台づくりです。保育者のしたいこと，させたいことが先行する保育は望ましいものとはいえません。多様性のある子ども一人一人をしっかりと受け止め，小さな集団に始まりやがては大きな集団の中で自己を発揮できるように支えていきたいものです。

参考文献
　大豆生田啓友・豪田トモ『子どもが対話する保育「サークルタイム」のすすめ』小学館，2022.

第4章 子どもの学びの特性・過程と保育

子どもの学びは，子どもが興味・関心をもって自ら環境と関わり，その関わりの中にある何かを獲得することである。どのような知識や技術を獲得したかではなく，「『学ぶ』ことを『学ぶ』＝関わり方を学ぶ＝方法を知る」過程である。子どもが環境とどのように関わり，その子なりにどのような意味を見出していくのか，その過程が子どもの「学び」である。子どもの「学び」は，生活や遊びの中に埋め込まれており，環境を通した，子ども主体の保育が重要である。

事例4－1　真似るは学ぶ

4歳児のE児とF児が砂場で遊んでいる。G児は砂をカップに詰めてはプリンを作り，砂場の淵にどんどん並べている。でも，F児のプリンはすぐに崩れてしまう。それを見たE児は，「あのさ，ぎゅーって押して，せーの，って，こうやるの」と砂の詰め方とひっくり返す方法をやって見せる。F児も渾身の力をこめてぎゅっと砂を詰め，少し緊張気味に，えいっ，とひっくり返し，そっと静かにカップを持ち上げると，これまでにないきれいな形が現れる。F児は思わず「できた！」と笑顔になり，E児も「できた，できた」と大はしゃぎ。コツをつかんだF児は何度もプリンを作り，やがて小石を乗せたり小さな貝殻を貼り付けたり，「さら砂」を振りかけたりして，プリンを飾り始める。その様子を見たG児も，F児を真似てプリンを飾り始める。

ここでは，崩れないプリンや素敵な飾りを作るという意図が二人の間で共有され，共通のテーマで遊んでいる。その過程で相手の動きを観察して真似たり，手助けしてもらったりされたり，手立てを教え合ったりする関係が展開され，次第に遊びのイメージの広がり，次のテーマや手立てが生まれている。また，砂の性質や石等の物の特性に気付き，それを活かして遊ぶというプロセスがある。第4章では，乳幼児の学びの特性・過程について考えみよう。

1 子どもの「学び」とは

（1）「学び」は過程

1) Bruner, J., *Pattern of Growth*. Oxford Press. 1974. 佐藤三郎編訳『成長のパターン 乳幼児の知性』誠信書房, 1978, pp.2-26.

2) Wertsch, J., *Voice of the Mind : Socio-cultural Approach to Mediated Action*. Cambridge. Mass. : Harvard University Press, 1991. 田島信元・佐藤公治訳『心の声：媒介されてた行為への社会文化的アプローチ』福村出版, 2004, pp.21-34.

3) Rogoff, B., Evaluating development in the process of participation : theory, methods, and practice building on each other, IN Amsel, E. and Renninger, K.A. (eds), *Change and Development : Issues of Theory, Method, and Application*, Mahwah, NJ and London：Erlbaum, 1997. 當眞千賀子訳『文化的営みとしての発達』新曜社, 2006, p.11.

認知心理学者のブルーナー（Bruner, J.S., 1915-2016）は，「知ること（知識や技術を得ること）は過程（プロセス）であって，産物（プロダクト）ではない」といい，「学ぶ」ことは，「何かの成果や結果を得るために行われるのではなく，自分が今持っている情報をもとに，自分なりの意味のある世界を構成することである」[1]という。ブルーナーは，子どもは自分で課題を発見し，その解決に至る過程を体験（追体験）することを通して，知識や技術を獲得するわけで，知識や技術を得ることを目的に学ぶわけではないという発見学習を提唱した。学びは常にその学びが置かれている文脈の中にある何かを獲得することである。こうした観点から，ワーチ（Wertsch, J.）は，学び手のことを「行為の中の学び手」と呼び，学び手は環境との関係性の中に置かれており，学びは個人と無関係に存在する何かを取り入れることではないとした[2]。こうした学びに対する見地から，ロゴフ（Rogoff, B.）[3]は発達を「参加の変容」であると定義している。

このような「学び」の見方は，「学び」が状況に埋め込まれた活動とみることができ，レイブ（Lave, J.）とウェンガー（Wenger, E.）らは「正統的周辺参加」と呼んだ。彼らは，一人一人の学び手の学びの意図が受け入れられ，社会文化的な実践の参加者になる過程によって学びの意味が形づくられるとする。子どもの社会的な相互作用の過程は，知的技能の修得を含む包括的な学びの過程であるという[4]。

（2）発達の最近接領域

こうした学び論は，ヴィゴツキー（Vygotsky, L., 1896-1934）の「発達の最近接領域（Zone of Proximal Development）」論に依拠している（図4−1）。ヴィゴツキーは，「媒介した行為」（することで学ぶ）という概念を用いて「発達の最近接領域」論を展開した。「発達の最近接領域」とは，自分でできるより少し難しく，自分ではできないが，人に援助してもらうとできる領域を指し，子どもは他者と共同する人間関係の中で発達するとした。こうした人間関係の中で，子どもは人とのコミュニケーションとしての言葉を獲得すると同時に，言葉が心理的道具としての役割を果たすようになり，コミュニケーションとしての言葉が内言（inner speech）に転化して思考の道具としての言葉を獲得する[5]。

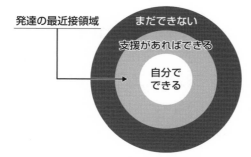

図4－1　発達の最近接領域

（3）子どもの「学び」の構えと「足場づくり」

　ヴィゴツキーの理論は，その後の心理学や教育学に多大な影響を与えた。「発達の最近接領域」論は，「将来の発達水準」を見通した課題を設定し，「他者の助け」に支えられ関係性の中で教育をするという観点や，言語と思考の関係とその重要性への気付きを与えた。そして，学びへの内的「構え」とちょっと頑張ればできるかもしれないという環境における「足場づくり（Scaffolding）」の重要性を示した。また，「学び」の過程の成立には，子どもの発達に応じた，子どもが自分から興味をもって関わることのできる環境と，子どもの関わりへの動機付け（モチベーション）や方向付け（オリエンテーション）を促す働き掛けや，それぞれの子どもの育ちや興味・関心に応じた環境づくりが必要であることを明らかにした。さらに，子どものやりたい気持ちを喚起するような働き掛けや子どもの気持ちを読み取り，子どもの思いに寄り添ってその実現を援助する保育者（幼稚園教諭・保育士・保育教諭をいう）の役割が重要であることも示した。

　子どもの学びは周りの環境との直接的な関わりの中にあるが，その関わりは，子どもの生態的な発達と身体的な「構え」を必要とする。子どもの内的成熟と「学び」への準備状態（レディネス）が整っていることと同時に，子どものやる気を促す保育者の働き掛けや環境づくりが重要となる。

　カー（Carr, M.）は，実践研究を通して，保育の場での子どもの「学び」や「学びの過程」の深化を図る足場づくりとして，次のような視点をあげている[6]。

① 「関心をもつ」ことができる環境や働き掛けをする。

② 「熱中して取り組める」環境づくりや働き掛けをする。

③ 「困難ややったことのないことに立ち向かう」ことができるように支える。

④ 「他者とコミュニケーションを図る」ことができるように子ども同士を

4）　Lave, J. & Wenger, E., *Situational Leaning-Legitimate Peripheral Participation*. Cambridge University Press. 1991. 佐伯胖訳『状況に埋め込まれた学習　正統的周辺参加』産業図書，1993, p.12.

5）　ヴィゴツキー, L., 土井捷三・神谷栄司訳『「発達の最近接領域」の理論：教授・学習過程における子どもの発達』三学出版，2003, p.22.

6）　Carr, M., *Assessment in early childhood settings-Learning stories*, Sage Publications of London, Thousand Oaks, New Delhi and Singapore, 2001. 大宮勇雄・鈴木佐喜子訳『子どもの学びをアセスメントする「学びの物語」アプローチの理論と実践』ひとなる書房，2013, p.51.

つなぐ。

⑤　「自ら責任を担う」ことができるように関係づくりをする。

2　乳幼児の学びの特性

（1）体験・経験・学び

　保育の場では，「体験」「経験」という言葉がよく用いられる。体験は自分が身をもって感じる「印象」であるのに対し経験は，体験によって得られた知識や技術を含んでいる。体験は「感じ」なのに対し，経験は体験が積み重ねられることによって得られた知識や技術等，「知」の内容をもったものをいう。体験と経験の違いは，したことが身に付いたかどうかである。子どもは，いま発達しつつある心身の機能や能力を使って体験や経験を生活や遊びの中で積み重ね，それが「学び」のプロセスとなって発達していく。

（2）学びの始まりは，身体の運動と感覚から

　子どもの「学び」は，自身の身体・運動，情緒，認知の発達と深く関連している。例えば，乳児は，ものをなめる，いじる，叩くといった感覚運動を用いてものをとらえ，目に見えるものの動きを視線で追い，ものと自分の関係をとらえる。お座りができるようになる 6 か月頃から始まり，ハイハイのできる 8 か月頃に盛んになる。そうした行為を繰り返す中で，乳児は，周りの変化が自分の行為に応じで起こることに気付き，自分と周りの変化を視線でつなぎ，周りと自分の関係を感覚運動的にとらえるようになる。やがて，大人の働き掛けを通して，自分のしていることには何か意味があることに気付き，自分の意図をもって周りと関わり，その結果を繰り返し試すようになる。

　このように，乳児は，周りの環境と関わった時の感覚運動的行為を通して，自分を軸に自分なりの周りとのつながりをつくり出していく。この感覚運動的体験から，行為の始まりと終わり，自分がしたこととその結果起こること等の関係やその過程で体感する感情の動き等，内面形成の基盤となる事柄を内部に構成していく。また，自ら周りに関わって変化をつくり出すことのできる自分や見慣れたもの・身近な人に愛着と信頼を寄せ，人としての発達の基盤を形成する。

（3）イメージをつなぐ

　幼児期に入ると，見たものやことをイメージにして心に留める表象機能が発

達してくるので，それを後から引き出して他のものに置き換えてふりや真似を
したり，心のイメージをつないで自分なりの意味世界をつくったりして一人で
遊ぶことを楽しむようになる。3歳を過ぎると，自分の実体験や聞いたりした
ことをもとにイメージを簡単なストーリーでつなぎ，友だちと同じことをしな
がらごっこ遊びを楽しむようになる。こうして，幼児は遊びながら周りの世界
を自分の中に取り込み，周りの環境への興味や関心とともに，周りと自分の関
係を理解し，自分の内面世界を形成し始める。

（4）自分と周りを関係付ける・ストーリーをつくる

　幼児は遊びの中で，自分の体験を追体験し，経験したことを言葉で表現し，
自分の内面と外部の世界を交流させて自己の存在を自覚するようになる。周り
のものには名前があり，それらには特定の関係性があることや，人と自分の違
いと関係のとり方等，幼児の「学び」は，幼児が置かれている状況の中に含ま
れており，生活そのものが「学び」の場となる。成長してくると，自分を軸に
して周りとの関係性を広げ，自分の内的世界と友だちの内的世界を交流させ
て，その関係性が他者と共有できる約束ごとやルールで調整されるようにな
る。他の子どもと自分たちのストーリーをつくってごっこ遊びを楽しんだり，
役割やルール，流れの展開を自分たちで決めてドラマを楽しんだりするように
なる。そして，他者に認められる自己の存在を形成していく。

3　子どもの学びの読み取り

　生活や遊びの中に埋め込まれている子どもの学びは，保育者が環境にどのよ
うな教育的な意図を盛り込み，その中で子どもが周りとどのように関わり，そ
の子なりの意味を見出していくのか，子どもの「学び」の過程を読み取って解
釈される。子どもが生活や遊びの中で，どのような知識や技術を獲得したかで
はなく，「『学ぶ』ことを『学ぶ』＝関わり方を学ぶ＝方法を知る」過程を読み
取ることが大切である。

（1）子どもの「学び」の成果

　ブルーナーは，内部の構造や表象機能の発達から，経験している世界におけ
る意味付けや意図，人間関係のつながりから「学び」の成果は生まれるとし
た。また，「学び」の成果は，その応答的な関係の中に隠された変容を様々な
方法で記録し，読み取っていくことで明らかになるとした[7]。

7)　Bruner, J., *Acts of meaning*. Cambridge, Mass：Harvard University Press. 1990. 岡本夏木・吉村啓子・仲渡一美訳『意味の復権 フォークサイコロジーに向けて』ミネルヴァ書房, 1999, pp.95-137.

（2）生活や遊びの中での「学び」

保育においては，子どもが生活や遊びの中で，環境とどのように応答的な関係をつくり変化していっているかを読み取り，「学び」の姿としてとらえていくことが必要である。カーは，そうした乳幼児期の学びの成果を概観する方法として次の4つの層で示した[8]。

① スキルと知識

② スキルと知識＋意図＝学びの方略

③ 学びの方略＋社会文化的営みやその人々＋道具＝状況に埋め込まれた学びの方略

④ 状況に埋め込まれた学びの方略＋モチベーション＝学びの構え

①は，具体的な知識や技術ではなく，乳幼児が獲得する頭の中の基礎的な操作やはさみで切る，色を塗る，数を数える等の基礎的なスキルを指す。②は，①のスキルと知識に意味や意図が結び付くことで「学びの方略」，つまり学ぶことを学ぶことになる。前もって計画したり，うまくいかない原因を探ったり，質問したりすることである。③は，意味や意図は，社会文化的な営みや人，道具によって媒介され，行為となる。乳幼児は，他者との関係の中で，その文化の中にある道具や手段の助けを借りて思考する。そして，それにモチベーションが加わることで，④の「学びの構え」が形成される。乳幼児は，やりたい気持ちをもち，その機会をとらえて，自ら学ぶことができるという「学び」の成果を身に付ける。子どもは，保育者との応答的な関係の中で進んでやろうとするコミュニケーションへの高いモチベーションをもち，自分の思いを表現する機会をとらえ，それに必要なコミュニケーション・スキルや知識をもって対処できる力を身に付けることで有能な学び手になることができる。

（3）子どもの「学び」の読み取り

子どもの「学び」はプロセスであり，経験している世界における意味付けや意図，人間関係のつながりから，その応答的な関係の中に隠された変容を読み取っていかなければ見えてこない。子どもの生活や遊びの中で起こる出来事を様々な方法で記録し，そこに現れる子どもと周りとの関係性の変化から子どもの学び方の方略をとらえていく。子どもの生活や遊びを部分的にとらえるのではなく，一つの物語（ラーニング・ストーリー）としてとらえ，その文脈の中で全体的な観点から子どもの成長や発達をとらえようとする，いわば，子どもの「学び」をアセスメント（評価）する方法である。

この方法では，当事者が観察した記録だけでなく，子どもの声，他者の解釈

8) 6）と同じ，pp.23-32.

等，観察された場の様々な文脈をとらえるための文字記録と写真が用いられる。ドキュメンテーションやポートフォリオといわれ，これらの記録をもとにカンファレンスを開いて子どもの理解や保育の効果を読み取っていく[9]。

1）「学び」の芽の芽生え

特定の大人の関わりを通して，視線や感情を共有し，視線で目標と目標の間を行ったり来たりさせて，ことの起こりと終わりを確かめたり，自分の関わり方で起こる結果が異なることや自分がしてみせて相手の反応をみたりして，自分の意図でことを起こして，周りの変化を自らつくり出す方略を手に入れる。自分の意図とそれを達成のためにすることが分化し，試行錯誤が探索活動として展開される。

2）「学び」の芽の育ち

歩く・しゃがむ・手先を使うことができ，作る－崩す，行く－戻る，入れる－出す等，行動に切り替えが生まれる（図４－２）。これらの行為には，「○○ではなく△△だ」というように，行動に区切りをつけて切り替えし，流れを転換する体験が含まれている。これが活動をつくり出す主体としての自我の芽生え

9）七木田 敦・ダンカン, J. 『「子育て先進国」ニュージーランドの保育 歴史と文化が紡ぐ家族支援と幼児教育』（飯野祐樹「就学前施設での保育の実際－テファリキとラーニング・ストーリー」）福村出版, 2015, pp.90-116.

図４－２　並べる・積む・始まりと終わりをつくる（１歳児）

出典）請川滋大・高橋健介・相馬靖明編著『保育におけるドキュメンテーションの活用　新時代の保育１』ななみ書房, 2016, p.48.

つくし2　2月3日

① ○○ちゃんが横一列に
牛乳パックつみきを並べていると,

② 見ていた○○くんが
上に乗り始めました。

③ ○○ちゃん,○○くんも乗ろうとしますが,
せまくて全員乗れません。

④ すると,余っていた牛乳パックを全て
並べ始めた○○くんと○○ちゃん。
○○くんは,上を上手に歩いています。

⑤ 並べ終わると,「どんどんばし わたれ」と
わらべうたにあわせて,3人が歩き始めます。
最初は,途中から乗っていた子もいましたが,
気づくと一方通行に進んでいました。

⑥ 降りた時に牛乳パックがくずれると,
もとの場所にしっかりと戻しています。こわれては直し
また歩く3人,とてもいい表情をしています。

図4－3　ならべたものを意味付ける（2歳児）

出典）請川滋大・髙橋健介・相馬靖明編著『保育におけるドキュメンテーションの活用 新時代の保育1』ななみ書房．2016，p.39．

を促す契機になる。2歳近くなると自我が芽生え，他児と同じ動きを楽しんだり，独り言をいいながらふりや真似をし，二語文でおしゃべりを楽しんだりする（図4－3）。表象機能が芽生えてくるので，ふりやまねで「○○のつもり」を楽しみ，マイ・ワールドができてくる。跳んだり跳ねたりぶら下がったり，速くしたり遅くしたり，片方の手で押さえ一方の手で引っ張ったり，全身運動が多彩になり，ものを比べて「同じ」がわかったり，自他を区別することもできるようになり，自我が拡大していく。

3）3・4・5歳児の「学び」と育ち
3歳を過ぎると身体機能が充実し，運動の調整が少しずつできるようになっ

11月9日の様子（木の家）

5歳児　場とモノを自ら使いこんで，仲間との協同的な遊びが展開されています。

協力して屋根も作っていきます。

基地づくり？が始まりました。高く積んで囲むことでの工夫が見られます。

囲まれた基地の中で，秘密会議。親密度も高まっていきます。

椅子を使って，広げています。

仲間と椅子をきれいに並べて，基地がひろがりました。

自分なりのアイディアをかたちにしようとしますが・・・友達が協力してくれました。

図4－4　イメージ・テーマの共有と共同

出典）請川滋大・高橋健介・相馬靖明編著『保育におけるドキュメンテーションの活用　新時代の保育1』ななみ書房，2016，p.49.

　て運動の能力が芽生えてくる。友だちと交代したり，順番を守ったりして遊び，友だちと自分の違いに気付いて感情を調整したり，見たり聞いたりしたことだけでなく空想のイメージで想像的な遊びをするようになる。本格的に象徴機能が発達して4歳頃にはごっこ遊びが友だちと展開され，5歳になるとドラマチックな遊びになってくる。人間関係を通して，自分の存在と相手との関係の中でイメージと遊びのテーマを共有してストーリー性のある遊びを展開する方略を学ぶ協同的な「学び」のプロセスが生まれる（図4－4）。

（4）子どもの「学び」と保育の質

　また，0歳から6歳までの6年間に，どのような経験の積み重ねをしていくのか，全体的な見通しやカリキュラムのあり方が重要になる。
　保育が多様化する今日，保育の質の向上が課題となっている。OECD（経済開発協力機構）の調査では，子どもの「学び」の芽を促すカリキュラムや保育者の資質が保育の質と関連していることが明らかにされている[10]。日頃の実践を振り返り，保育環境や保育者と子どもの関わり，子ども同士の関係，「学び」のプロセスを丁寧に読み取って保育の質を高めていく姿勢が望まれる。

10) OECD, *Starting Strong : Early Childhood Education and care*. Economic Co-operation and Development, Paris. 2006, p.147.

コラム　保育の方法 ―倉橋惣三の保育論に学ぶ―

　倉橋惣三（1882-1955）は，大正期から昭和前期にかけて日本の保育界をリードした保育者です。子どもが生活する日常の姿を出発点とした保育の重要性を説き，保育者の役割は子どもが十分に遊び込めるような環境を整え，必要に応じて子ども一人一人が充実感を味わえるよう充実指導（援助）を行うことであると主張しました。さらに，子どもの断片的な遊びや生活を系統付けることでより活動を発展させ，豊かな経験につながるような保育者の関わりを重視した「誘導保育論」を提唱しました。倉橋は，徹底的に子どもの生活と遊びを保育の中心に置く考えをもっていたため，彼の保育思想は「児童中心主義」と呼ばれます。子どもの思いを尊重し，その思いの実現のために大人（保育者）が尽力すべきという彼の思想は，現在の「こどもまんなか」という考え方に通じるものがあるでしょう。倉橋の言葉に「生活を生活で生活へ」というものがあります。これは一見難解に思えますが，「子どもが出会う生活（遊び・経験）をもうひとつの新たな生活（遊び・経験）でより深く広い生活（遊び・経験）へ発展させる」と解釈すれば理解しやすくなります。すなわち，保育者は子どもができるだけ多様な経験を積むよう働き掛け，その中で子どもたちがもつ力を伸ばしていくことを大切にしたといえます。このような倉橋の思想は，その後の日本の保育に大きな影響を与えています。現在の私たちが目指している子どもを主体とする保育のあり方の一つの源流をなしているともいえるでしょう。

　では，園生活において保育者が子どもの遊びや生活を援助する際，どのような点に留意する必要があるのでしょうか？　子どもの主体性を大切にするということは，子どもが自らの意思で行動することを大切にするということです。たとえ上手くいかないことがあっても，保育者が安易に手を貸してしまうことで，子どもが自分で考えたり，工夫したりする機会を奪ってはいけません。繰り返し取り組み，試行錯誤する経験を十分に保障したいものです。今，目の前にいる子どもの様子をしっかりととらえ，その子に応じた援助の方法やタイミングを判断することが求められます。保育者には遊びや生活援助の知識や技術だけでなく，場に応じた判断力が求められることにもしっかりと目を向けたいものです。このような保育者の関わりについて，幼保連携型認定こども園教育・保育要領解説では，「園児一人一人の発達に応じた援助のタイミングや援助の仕方を考えることが，自立心を養い，ひいては園児の生きる力を育てていくことになる」（第3章 第2節 6）と述べています。自らの保育を客観的にみる目を養い，反省的実践家でありたいと思います。

参考文献

倉橋惣三『幼稚園真諦』フレーベル館，1976.

第5章 生物的基盤の形成
胎児期から新生児期

本章では，心身の発達の基盤が形成される上で極めて重要な時期（妊娠から出産，胎児期から新生児期）の子どもの発達の姿と，母親の心身の変化について理解を深めていく。また，無力な存在とみられがちだった新生児の生得的に備えている様々な特性についてもふれる。さらに，新生児と母親（養育者）との関わりの中で，コミュニケーションの基礎がどのように形成されていくのかについても学んでいく。

事例5－1　泣いて育つ

　生後2週間の赤ちゃんを育てるHさんの悩みは，赤ちゃんの眠りが浅く，眠ったと思えばすぐに起きてしまうため，自分もぐっすり眠れず寝不足が続いていることである。出産した施設の助産師に相談すると，細切れの睡眠パターンでも，毎回の眠りは深く，実際には睡眠不足にはならないから，赤ちゃんが眠ったら，できるだけ自分も一緒に眠ることを心掛けるよう助言してくれた。でも，Hさんは，昼夜の区別なく泣いて，母乳も飲んで，おむつも替えたのに，赤ちゃんは泣き続け，おむつ替えも，授乳も慣れないことばかりなので，不安で一杯である。夫は協力的だが，核家族なので，一日中ひとりで育児をしている。だから，不安は倍増する。

　赤ちゃんは，誕生と同時に，子宮の中で過ごした環境とは全く違った世界で生活することになる。しかし，「生きるために必要なこと＝生理的な欲求」を満たすことが自分ではできない。不安や恐怖，寂しさ等，生理的な不快を感じた時，泣いて訴える。泣くことは，いつも自分の世話をしてくれる人（親・養育者）が，何かあれば守ってくれることを知っていくという大きな意味がある。第5章では，妊娠から出産，胎児期から新生児期の子どもの発達と，母親の心身の変化について理解を深める。

① 子どもの誕生
―胎児の発達と妊娠期の母親の変化―

（1）胎 生 期

　受精から出生までの期間を胎生期と呼び，卵体期，胎芽期，胎児期の3つの期間に分けられる。胎生期は，妊娠期間でもあり，その期間は昔から「十<ruby>月<rt>つき</rt></ruby>十日<rt>とおか</rt>」といわれているように，約10か月間である。最終月経の開始日を「妊娠0日」，妊娠の1か月分を28日とし，280日間が妊娠期間であり，280日目（40週0日）が出産予定日となる（表5－1）。

1）卵 体 期

　受精卵が細胞分裂しながら卵管から子宮を目指して移動し，子宮に着床（妊娠成立）するまでの2週間あまりを卵体期と呼ぶ。

2）胎 芽 期

　受精後の妊娠4～8週目までを胎芽期と呼び，この期間にタツノオトシゴ

表5－1　胎生期区分と妊娠時期・妊娠月数・妊娠週数

胎生期区分		卵体期		胎芽期					胎児期										
妊娠時期	妊娠成立期				妊娠初期										妊娠中期				
妊娠月数	1か月				2か月					3か月					4か月		5か月		
妊娠週数	0	1	2	3	4	5	6	7	8	9	10	11	12	13	14	15	16	17	18	19
主なできごと	最終月経の開始日		妊娠2週0日で受精	妊娠3週0日から数日で着床		胎芽と呼ばれタツノオトシゴのような姿をしていてエラのような器官や尾がある				手足の形ができ，ヒトらしい姿になり，男女の性別も決まってくる					胎盤が完成					

胎生期区分	胎児期																			
妊娠時期	妊娠中期								妊娠後期											
妊娠月数	6か月				7か月				8か月				9か月				10か月			
妊娠週数	20	21	22	23	24	25	26	27	28	29	30	31	32	33	34	35	36	37	38	39	40	41	42	43
主なできごと		母親が胎動を感じることができるようになる	妊娠22週以降37週未満に出産することを「早産」という									もうすぐ出産という意味の「臨月」は36週から				妊娠37週～41週は，分娩のリスクが母子ともに低くなり「正期産」という			40週0日が出産予定日		42週目以降の出産は「過期産」となる	

注）妊娠週数の数え方：最終月経の第1日目を「妊娠0日」。28日間を妊娠の1か月分。280日間を妊娠期間とし，「40週0日」が出産予定日。
参考）高橋悦二郎編『実践・子育て学講座2　子育ての保健学』大修館書店，2005．p.30を参考に著者作表

のような姿をした胎芽が成長し，重要な胎児組織器官の原型がつくられる。この胎芽にはエラのような器官やしっぽもついている（図 5 − 1）。

図 5 − 1　胎芽（妊娠 5 週目頃　体長約 7 mm）

3）胎　児　期

　胎芽期の終わりから出産までの期間，9 〜40週前後（妊娠 3 か月頃〜約10か月）を胎児期といい，人間の一生の中で発育が最も盛んな時期である。妊娠 3 〜 4 か月になれば，胎芽の姿から人間らしい体つきである胎児となる。この頃には男女の性別もわかるようになる。妊娠 5 か月頃には，髪の毛も生え，手を口元に持っていき，指しゃぶりのようなしぐさが見られるようになる。妊娠 6 か月ぐらいで大きく体を動かすことができるようになり，多くの母親が胎動を感じるようになる。

　胎児は，母親の子宮中に満たされた羊水の中に浮かび，胎盤から臍帯（へその緒）を通して栄養分や酸素をもらって成長していく（図 5 − 2）。

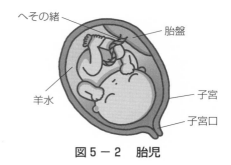

図 5 − 2　胎児

　しかし，胎児が摂取するのは成長にとって大切な栄養分だけではない。胎児の健常な発達を妨げる物質も含まれることがある。例えば母親の飲酒や喫煙が過度になると，アルコールやニコチンが胎盤を通して胎児に摂取され，健全な胎児の成長・発達に様々な問題を引き起こす可能性が高くなる[*1]。また，母親の身体的病気や心理的ストレス等も子どもの発達に影響を及ぼすことがある。人間の発達にとって誕生する前の胎内環境も極めて重要な環境なのである。

（2）周　産　期

　周産期（周生期）とは，胎児が子宮外生存可能とされる妊娠満22週から，新生児が子宮外生活の適応過程で健康状態の急変が生じやすい早期新生児期（出生後満 7 日未満）までの期間である。妊娠初期の胎児は不安定で流産の危険性が高いが，妊娠22週というのは 6 か月目の半ばに相当し，安定期と呼ばれ，流産のリスクが低くなる。しかし，妊娠22週を過ぎた頃から仮に早産に至った場合でも，NICU（新生児特定集中治療室）[*2]において保育器による体温管理，人工呼吸器を用いた呼吸管理，栄養管理等がなされれば命が助かる可能性がある。また，後遺症もなく成長することができる可能性も十分にある。

　出生後は胎内とは全く異なる環境となり，新生児は急激な変化に適応していかなくてはならず，生後 1 週間未満の新生児は特に健康上の急変が生じやすい

*1　妊婦がアルコールを長期に渡って飲用し続けると，様々な発育障害を引き起こす。また，喫煙妊婦では低出生体重児（出生体重が2,500 g未満の赤ちゃん）が生まれる頻度が非喫煙妊婦に比べて 2 〜 4 倍である。さらに，喫煙妊婦から生まれた赤ちゃんは身長の伸びが悪く（幼児期で0.3〜1.6cm低下），知的発達も劣る（知能指数が 4 〜 6 低下）といわれている。

　無藤　隆・岡本祐子・大坪治彦編『よくわかる発達心理学』ミネルヴァ書房，2004, pp.4-5.

＊2　NICU（新生児特定集中治療室）：24時間連続して新生児の呼吸・循環・代謝等の管理をし，高度医療機器や設備，専門医師，看護師等を配した高度医療施設である。

中坪史典，他編『保育・幼児教育・子ども家庭福祉辞典』ミネルヴァ書房，2021，p.474.

＊3　胎教：胎児の心身の発達によいと思われることを，積極的に妊婦が行うこと。近年，胎児が胎内で音や光を感じているということが明らかになり，胎児に特化した教育的働き掛けを行う動きもあるが，その効果のほどは確かではない。広義の意味では，母親が情緒的にも安定した状態で過ごすこととされる。

中川常安，他編『発達心理学用語集』同文書院，2006，p.55.

1）子ども家庭庁ホームページ

＊4　マタニティブルー（マタニティブルーズ）：通常，出産後3〜4日目に発症し，持続期間が数時間から数日と短い，軽度の気分変調をいう。気分変調の症状は，情緒不安定，涙もろさ，抑うつ気分，不安感，戸惑い等がある。

状態にある。周産期の胎児や母体，新生児に何らかのアクシデントがあった場合，専門的なケアを受けるための医療機関として地域の中に設置されているのが周産期母子医療センターである。

（3）母親の変化

　妊娠がわかった時から，母親にとっては母となる心の準備が始まる。妊娠初期は流産する危険が高く，妊娠前とはホルモンバランスも変わり，母親の体調も不安定となる。妊娠5週目頃から悪阻（つわり）が始まる妊婦は多いようで，妊娠を喜びつつも，気分が優れず不安な気持ちでいっぱいになりがちである。この時期を乗り越え妊娠4か月頃になると悪阻も治まり過ごしやすくなる。妊娠6か月に入り胎動を感じはじめる頃には，常に母子一体であるという感覚とともに親になるといった責任感をもたらし，母性が芽生えてくる。

　近年，胎児に関する研究が進められ，胎児には様々な能力があることがわかってきた。その関係で，胎児のうちから音楽や英語を聴かせ，赤ちゃんの能力を伸ばそうといった「胎教」[*3]という言葉をよく耳にするようになってきた。だが，「胎教」が胎児によい影響，あるいは悪い影響を及ぼすのかといったようなことは実際のところ定かではない。また，「胎教」と関連して，妊娠中は「母親が幸せな気持ちでいることが，お腹の中の赤ちゃんにとってもよい」とよくいわれる。しかし，ホルモンのバランスが変わったり，悪阻があったり等，ただでさえ大変な妊娠期間に精神面での安定を常に求めるのは母親にとって酷なことではないだろうか。妊娠中もだが，出産直後も母親の感情は不安定になりやすい。妊娠中のうつ病は約10%，産後は約10〜15%前後にみられるといわれている[1]。赤ちゃんの誕生はうれしいことだが，なぜか悲しくなって涙が出るといった症状のマタニティブルー（マタニティブルーズ）[*4]は出産後の女性の30〜50%が経験する[1]。マタニティブルーは，産後1〜2週間で治まる場合が多いが，長引き，産後うつ病に移行していくこともある。産前・産後の母親に対する周囲や家族の理解やサポートがとても重要となる。

　また赤ちゃんの誕生は，その兄や姉へも影響を及ぼす。就学前施設（幼稚園・保育所・認定こども園をいう）では，急に子どもが怒りやすくなったり，不安定になったりしていつもと様子が違うと感じた保育者（幼稚園教諭・保育士・保育教諭をいう）が母親に尋ねてみると妊娠中であることがわかったということがよくある。妊娠・出産は弟や妹を迎えようとする子どもにとっても，それまでにない我慢を強いられているのかもしれない。このような時期は，保育者として子どもと保護者の両方をサポートすることが必要となる。

2　新生児期の発達とその特徴
―生物的基盤の形成―

　生後28日（4週）未満の子どもを新生児と呼び，この時期を新生児期という。生後1週間以内を早期新生児期，その後を晩期新生児期としている。新生児の平均は身長50cm，体重3,000gである。新生児は，親にお世話をされるだけの無力な存在と思われがちだが，生まれながらにして様々な能力が備わっている。ここでは，新生児期の発達とその特徴についてみていくことにする。

（1）生理的早産

　生まれて間もない人間の赤ちゃんは，首がすわっておらず，自分で頭を支えることも歩くこともできない。ところが，ウシやウマの赤ちゃんは，生まれて間もなくすると自力で立ち上がり，お乳を求めて母親のところまで歩くことができる。それらを比較すると，運動能力に関しては人間の赤ちゃんは非常に未熟な状態で生まれてくるといえる。このような特徴をスイスの生物学者ポルトマン（Portman, A., 1897-1982）[*5]は，複雑な脳と組織体を持ち，生まれた時から自立している（巣に留まる必要がない）高等哺乳動物のウマやウシ等を離巣性[*6]，下等な組織体で感覚機能や運動機能の発達が未熟な状態で生まれてくる（ある一定期間巣に留まる必要がある）下等哺乳動物のモグラやネズミ等を就巣性[*7]と区別した。そして，人間は高度な脳と組織体を持つが未成熟で生まれてくるといった離巣性と就巣性の両方の特徴を備えているため二次的な就巣性と呼んだ。人間は脳が発達して頭が大きくなっていることと，直立二足歩行のため，骨盤が狭くなっている等から，十分に発達してから生まれることは母体に負担を掛けてしまう。そのため，長く胎内で育てられずに運動能力が未発達なままの早産が通常化している。出生後，人間の子どもが他の離巣性の動物の新生児の状態になるまでには約1年掛かること，すなわち1年早く生まれてくる特徴をポルトマンはさらに，生理的早産と指摘している。

（2）原始反射

　新生児は，脳の機能が未成熟のため，随意運動[*8]ができない。しかし，ある刺激に対して自分の意思に関係なく自然に起こる原始反射[*9]がみられる。この原始反射には，生命の維持にとって不可欠な乳を飲む行動に関する口唇探索反射や吸啜反射，危険なものから身を守る行動であるモロー反射や瞬目反射，自動歩行等がある（表5-2，図5-3）。
　これらは大脳皮質が発達し，徐々に自分の意思で身体を動かすことができる

マタニティブルーは，主産後の女性の過半数と，極めて高率にみられることが報告されている。
　中島義明，他編『心理学辞典』有斐閣，1999，p.811.

*5　ポルトマン：スイスの生物学者。動物界の広い範囲に渡る比較形態学，発生学，行動学の分野での研究をもとに，生物学的視点における人間学も展開した。
　ポルトマン，A.，高木正孝訳『人間はどこまで動物か-新しい人間像のために-』岩波書店，1961.
　大浦賢治編著『実践につながる　新しい子どもの理解と援助-いま，ここに生きる子どもの育ちをみつめて-』ミネルヴァ書房，2021，p.28.

*6　離巣性：生まれた時から自立している哺乳類（ウマ，ウシの類）の特徴を指し，妊娠期間が長く1回に少ない数の子どもを出産し，発達した感覚機能や運動能力をもって，姿や行動が親によく似た状態で生まれる（高等哺乳動物）。
　*5の文献（大浦，2021）と同じ，p.29.

*7　就巣性：妊娠期間が短く，一度に多く

表 5 － 2　主な原始反射とその反射を基礎として成立する行動

名称	内容	反射を基礎として成立する行動
口唇探索反射	口元や頬をつつくとつつかれた方に顔を向け口を開き，おっぱいを探すようなしぐさをする。	食べる行動
吸啜反射	唇に乳首や指が触れると吸おうとする。	
モロー反射	急に大きな物音がしたり，首を支えていた手を離したりすると両手を広げて抱きつこうとする。	危険なものから身を守る行動
バビンスキー反射	足の裏をくすぐると，足の指が屈曲しないで反対側に広げる。	
ほふく反射	うつぶせにすると両足を蹴って前進するようなしぐさをする。	
瞬目反射	顔に急に物を近づけたり，光をあてたりするとまぶたを閉じる。	
把握反射	手に触れたものをしっかり握る。	物をつかむ行動
自動歩行（歩行反射）	両脇を支えて足を床に触れさせると歩くように足を交互に動かす。	歩いたり走ったりする行動

参考）藤﨑眞智代・無藤隆編著『新保育ライブラリ　子どもを知る　保育の心理学』北大路書房, 2021, p.48を参考に作表

の子どもが生まれる。体毛が生えておらず，感覚機能や運動機能の発達が未成熟な状態で生まれてくる生物（ネズミ等の齧歯類，イタチの類）を指す。出生直後はすぐに行動や反応ができないため，一定期間は親の保護を受けて自分の巣の中で過ごす必要がある（下等哺乳動物）。

＊5の文献（大浦, 2021）と同じ, p.29.

＊8　随意運動：自分の意思で手足等の身体を思い通りに動かす運動のこと。

＊3の文献（中川ら, 2006）と同じ, p.20.

図 5 － 3　原始反射の種類

ようになる生後 4 ～ 6 か月頃までには消失していく（瞬目反射を除く）。

（3）赤ちゃんのかわいらしさの秘密

　私たちは人や動物の赤ちゃんを見た時，とてもかわいいと感じるのはなぜだろうか。それには，赤ちゃん特有の共通した特徴である，額の大きな丸い顔，ふっくらした頬，つぶらな瞳，ぎこちない動き等，赤ちゃんの外見的な要素や動作が関係している。

　ローレンツ（Lorenz, K., 1903-1989）[10]は，人間や動物の赤ちゃんと大人を比

較しながら，多くの動物の赤ちゃんには共通した特徴があることを見出した（図5－4）。その特徴が親や大人にかわいいという感情を抱かせることによって攻撃性を抑制し，「守ってあげたい」という保護・養育行動を引き起こすきっかけとなっていることを指摘している。

（4）新生児の睡眠

新生児は昼夜の区別なく一日の大半を眠って過ごし，睡眠と覚醒を一定の短い周期で繰り返している。その後，睡眠と覚醒の周期は次第に長くなり，生後4か月ぐらいで昼夜の区別がつき，大人と同じように，夜中にまとまった睡眠がとれるようになる。睡眠にはリズムがあって，私たちはレム睡眠（浅い眠り）[11]とノンレム睡眠（深い眠り）[12]という2種類の眠りを交互に一定のサイクルで繰り返して眠っている。新生児は，レム睡眠とノンレム睡眠が半々くらいで，レム睡眠は成長にともなって減少していく。大人になる頃には，ノンレム睡眠が4分の3以上を占めるようになる。冒頭の事例5－1では，赤ちゃんが昼夜の区別なく泣き，不快感（空腹感やおむつの汚れ等）を取り除いても泣くことに対するHさんの困り果てた姿があった。昼間に慣れてない人に会ったり，知らない場所に行ったこと等，普段と違った刺激的な出来事がレム睡眠の時に不快な感覚や夢となって出現し，泣くこともある。今後，子どもの成長とともに昼夜の生活リズムも出てくること（ノンレム睡眠の割合が多くなる），世話をしているうちに泣きの原因がわかってくることで母親の不安は徐々に解消されていくと思われる。しかし，新生児期の母親に対する家族を含めた周囲のサポートがとても重要になってくる。

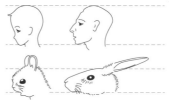

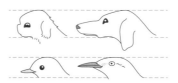

図5－4　人や動物の赤ちゃんと大人の形態特徴の比較

出典）ティンバーゲン，N.，永野為武訳『本能の研究』三共出版，1975，p.207.

3　初期経験と母子相互作用

（1）五感の発達

母親の胎内から出てきた新生児はどのように周りの世界を感じ取っているのであろうか。五感（視覚，聴覚，触覚，味覚，嗅覚）の中で最も早い段階で発達

＊9　**原始反射**：正常な新生児において特徴的に観察される反射的行動の総称。

＊4の文献（中島ら，1999）と同じ，p.236.

＊10　**ローレンツ**：動物の行動は，形態的特徴と同様に，それぞれの種に固有に遺伝的に特徴付けられるという事実を出発点に，動物が生活する実際の場面での詳細な行動の観察とその記述を行い，比較行動学を確立した。

＊4の文献（中島ら，1999）と同じ，p.908.

ローレンツ，K.，日高敏隆訳『ソロモンの指輪　動物行動学入門』早川書房，2006.

＊11　**レム睡眠**（浅い眠り）：身体は眠っているが，脳は覚醒している状態。眠っているのにまぶたの下では眼球が動いている。夢を見るのは，このレム睡眠の時間だといわれている。

小西行郎『知れば楽しいおもしろい　赤ちゃん学的保育入門』フレーベル館，2006，p.19.

＊12　**ノンレム睡眠**（深い眠り）：脳を休める睡眠で，身体も脳も眠っている熟睡した状態のこと。

＊11の文献（小西，2006）と同じ，p.19.

するのは触覚であり，妊娠 7 週頃の胎芽の段階で，口の周りに皮膚の感覚（触覚）が現れるといわれている。妊娠12週頃には胎児が指しゃぶりをしたり，舌を出したりしている姿が確認できる。逆に，感覚機能の中で最もゆっくり発達するのは視覚と考えられている。新生児の視力は0.02～0.03程度であり，これは20～30cmくらいの距離のものしか見えていないことになる。しかし，これは新生児が授乳等で抱きかかえられた時に母親の顔を見る（母親の顔にピントを合わせる）のにちょうどよい距離なのである。その後，視力は生後半年で0.2，1歳で0.4になり，3～4歳頃で1.0と成人と同程度まで発達する。新生児は，抱かれながら，母親の顔を覚えたり（視覚），声を聞いたり（聴覚），ぬくもりを感じたり（触覚），お乳を飲んだり（味覚），母親のにおいをかいだり（嗅覚），と，五感をフルに使って母親を感じ取ろうとしている。それと同じように母親も赤ちゃんのにおいやぬくもり等を感じているのである。

（2）相互交渉する力

　赤ちゃんは「泣くのが仕事」といわれるように，生まれた直後から一日に何十回も泣く。話すことができない赤ちゃんにとって「泣き」は最も有効な情報伝達手段である。例えば，赤ちゃんはお腹が空いた時に泣く。それに対し，母親がお乳をくれる。眠くて泣くと抱っこしてくれる。母親等，周囲の大人が期待通りの行動をとってくれると泣き止む。自分が泣くことで環境（母親は人的環境）に働き掛けることによって，環境が変化し，欲求が満たされることに気付くと，赤ちゃんは積極的に環境に働き掛けるようになる。このように環境と効果的に相互交渉する力を「コンピテンス」[*13]と呼んでいる。

（3）母子相互作用

　赤ちゃんにとって，授乳は単に空腹を満たすだけではなく，人と関わる力の基礎を築くという重要な意味をもっている。授乳時のやり取りでは，まず赤ちゃんの働き掛けから始まる。赤ちゃんはお腹が空くと泣き出す。するとその泣き声に母親の身体は反応して母乳が分泌される。母親は「お腹が空いたね。よしよし，今あげるね」と声を掛けたり，目を合わせたりしながら，抱っこしてお乳を与える。こうした母親の働き掛けに応じて，赤ちゃんは手足を動かしたり，目を合わせたりする。このような母親の声掛け等に応答するように自分の身体を動かすことを「相互同期性（同期行動）」[*14]という。その赤ちゃんの動きを見た母親はかわいいと感じ，さらに語り掛ける。
　母親と赤ちゃんはお互いに働き掛けたり応えたりしている。これを「母子相

*13　コンピテンス：環境と効果的に相互交渉する能力のこと。アメリカの心理学者ホワイト（White, R. W., 1904-2001）が提唱した概念。自分の働き掛けによって，環境に変化を起こすことができると，乳児でも，喜びや有能感，効力感を得ることができるという。
　林 洋一監修『史上最強図解 よくわかる発達心理学』ナツメ社，2010，p.54.

*14　相互同期性（同期行動）：一方が身体を動かしながら話すと，他方も身体を動かす現象を指す。新生児にも見られるもので「エントレインメント」とも呼ばれる。
　*13の文献（林, 2010）と同じ，p.57.

リズムに合わせる
乳児が見つめると見つめ返して働き掛け（話し掛けたりゆすったり），目をそらしたら母親も働き掛けをやめる。

⬇

相互作用が持続

リズムを無視
乳児が見ても視線を合わせず，視線を外した時に積極的に働き掛ける（話し掛けたりゆすったり）。

⬇

相互作用が続かない

図5－5　母子相互作用

参考）林 洋一監修『史上最強図解　よくわかる発達心理学』ナツメ社，2010，p.57を参考に著者作図

互作用」[*15]といい，全ての人間関係の基礎となる。赤ちゃんには生得的に，コミュニケーションを行うための素地が備わっているのである。

　アメリカの小児科医ブラゼルトン（Brazelton, T.B., 1918-2018）によれば，赤ちゃんからの働き掛け（凝視行動）には，一定のリズムがあり，赤ちゃんとの相互作用をうまく続けていくためには，母親が赤ちゃんのリズムに合わせてあげることが重要であるとしている（図5－5）。

　こうした母と子の相互作用は情緒的な表現が深く関係しているので，「情動的コミュニケーション（p.57～参照）」とも呼ばれている。この積み重ねが，深い「愛着（アタッチメント，p.59～参照）」へと発展していくのである。

【第5章イラスト：かわむらしろ】

● **参考文献**
ポルトマン，A.，高木正孝訳『人間はどこまで動物か-新しい人間像のために-』岩波書店，1961.

阿部和厚監修・執筆『学研の図鑑LIVE　人体』学研プラス，2015.

小西行郎『知れば楽しいおもしろい 赤ちゃん学的保育入門』フレーベル館，2006.

杉本充弘総監修『最新！初めての妊娠・出産新百科』ベネッセコーポレーション，2021.

高橋悦二郎編『実践・子育て学講座2　子育ての保健学』大修館書店，2005.

中坪史典・山下文一・松井剛太・伊藤嘉余子・立花直樹編集『保育・幼児教育・子ども家庭福祉辞典』ミネルヴァ書房，2021.

林 洋一監修『史上最強図解　よくわかる発達心理学』ナツメ社，2010.

矢野喜夫・落合正行『新心理学ライブラリ5　発達心理学への招待』サイエンス社，1991.

山内光哉編著『発達心理学 上 周産・新生児・乳児・幼児・児童期（第2版）』ナカニシヤ出版，1998.

*15　**母子相互作用**：母親と子どもが様々な感覚レベルで互いに作用し合っていること。例えば，赤ちゃんの泣き声は母乳の分泌を促進し，赤ちゃんが母乳を吸うと，さらに分泌が促進される。また母親が目を合わせて高い声で語り掛けると，赤ちゃんも目を合わせたり，手足を動かしたりして反応する。
　*13の文献（林，2010）と同じ，p.57.

コラム　　生きる力の育成

　全国保育士会が2003（平成15）年に示した「全国保育士会倫理綱領」の前文には，「私たちは，子どもが現在（いま）を幸せに生活し，未来（あす）を生きる力を育てる保育の仕事に誇りと責任をもって，自らの人間性と専門性の向上に努め，一人ひとりの子どもを心から尊重し，次のことを行います」*1と記されています。子どもの生きる力を育てることが，保育士の仕事とされています。さらに2008（平成20）年の中央教育審議会答申では，「生きる力」について「変化の激しい社会を担う子どもたちに必要な力は，基礎・基本を確実に身に付け，いかに社会が変化しようと，自ら課題を見つけ，自ら学び，自ら考え，主体的に判断し，行動し，よりよく問題を解決する資質や能力，自らを律しつつ，他人とともに協調し，他人を思いやる心や感動する心などの豊かな人間性，たくましく生きるための健康や体力など」*2と示しています。

　では，保育の場で子どもに「生きる力」を育成するとはどのようなことでしょうか？　どのような保育実践が「生きる力」の醸成につながるのかを考える必要があります。中央教育審議会の答申で示された内容を吟味すると，非認知能力の育ちを意識した保育・教育が示唆されていることがわかります。認知能力は数値化できる能力（成績やIQ）ですが，非認知能力は周りの人とうまくやっていく力や忍耐力，コミュニケーション能力等の数値化できない能力を指します。非認知能力についてはヘックマン（Heckman, J.）が「ペリー就学前プロジェクト」の研究でその重要性を指摘しています。

　非認知能力を育てるために保育で取り組むべきことは，保育所保育指針にも記載されています。それらは保育所保育指針に，就学前に育みたい資質能力として「知識及び技能の基礎」「思考力，判断力，表現力等の基礎」「学びに向かう力，人間性等」（第1章4）があげられています。また，保育所保育指針の同じ個所に「幼児期の終わりまでに育ってほしい姿」が10項目あげられています。これら，育みたい資質・能力や幼児期の終わりまでに育ってほしい姿が，就学前施設で取り組みたい「生きる力」の具体的内容といえるでしょう。

　冒頭の事例に示されたように，乳児は自らの思いを言葉で伝えることができません。周囲の養育者が，乳児の意を汲んで語り掛け，代弁しながら乳児の思いに応えていきます。この繰り返しが子どもの発達に必要なアタッチメント（p.59参照）を形成します。「生きる力」の基盤にはアタッチメントが存在します。子どもが主体的に活動するためには，その言動を受け止めてくれる保育者の存在が不可欠です。自分の思いを話したくなったり，自分の行動を認めて（褒めて）もらったり，失敗や困った時に思いをぶつけられる相手がいることで，子どもの主体性や問題解決能力，コミュニケーション能力等が育つのです。このように保育者は子どもとの信頼関係を基盤とし，子どもが主体的に活動できる保育実践の方法を検討することが「生きる力」の育成につながるのです。

　＊1　全国保育士会HP
　＊2　文部科学省中央教育審議会「幼稚園，小学校，中学校，高等学校及び特別支援学校の学習指導要領等の改善について（答申）」2008, p.8.

第6章 情動的コミュニケーションと愛着の発達 —乳児の頃—

言葉を使うことの難しい乳児期の発達は，情動を介したコミュニケーションを通して，身近な他者に支えられながら進んでいく。本章では，まず乳児期の子どもの発達的特徴について説明し，その後，乳児のコミュニケーションの中で中核的な位置を占める情動的コミュニケーションと，身近な他者との関係性である愛着の発達について概観する。最後に，認知的・言語的側面から，乳児の発達がどのように進むかを説明する。

事例6−1　あやされて育つ

0歳児クラスでは，明るい陽射しの入る温かい室内で，ゆったりした時間が流れている。3か月児のI児は担当保育者（本章では，保育士・保育教諭をいう）に抱っこしてもらって心地よさそうにウトウト。おむつ替えの時は，担当保育者から「Iちゃん，おむつ替えてすっきりしたね，気持ちよくなったね」と声掛けしてもらい，それに応えてニコニコ。9か月児のJ児は小さくてカラフルな玩具のシロホンに興味津々。保育者がバチでシロホンを叩いて音を鳴らして「きれいな音がするね〜」と言いながら「はい，どうぞ」とバチをJ児に渡すと，思い切りバチを振って叩く。うまくシロホンにあたるときれいな音が鳴る。保育者が「わぁ，素敵な音がしたね〜」とJ児に声を掛けると何度も繰り返し，シロホンが鳴るとうれしそうに保育者を見る。保育者はまた「わあ，今度もきれいな音だね〜」と応じる。保育者が子どもの思いを代弁して関わると，J児は保育者を頼りにして周りに積極的に関わろうとする。

乳児は，保育者と見つめあったり，おもちゃであやしてもらったりしながら心地よさを味わい，保育者に促されて自分の周りの環境の存在に気付き始める。そして，保育者に特別な感情を寄せ，保育者を安全基地にして，積極的に探索活動を展開するようになる。8か月頃を境に自分の働き掛けが周りに変化を起こすことに気付き，自分がすることとその結果を結び付けるようになる。第6章では，情動的コミュニケーションと愛着から乳児期の発達について学ぶ。

1 乳児期の発達とその特性

＊1 発達心理学者の中には，1歳代の子どもも含めて乳児と呼ぶこともある。また，実際の保育現場では，3歳未満児のクラスを「未満児クラス」「乳児クラス」と呼んだり，異年齢クラスとして運営することもある。このように乳児という言葉は，実際には必ずしも1歳未満児のみではないこともある。

乳児とは，児童福祉法や母子保健法での定義では，「1歳未満の子ども」[*1]のことを指す。そのため本章では，乳児を1歳未満の0歳代の子どもとし，乳児期の子どもの発達的特徴やこの時期に重視される情動的コミュニケーションと愛着の発達について触れていく。

（1）乳児の発達とその特性

みなさんは，0歳代の赤ちゃんを想像するときにどのようなイメージをもつだろうか。この節では，乳児のイメージと関わる心理学知識に触れながら，乳児期の発達的特性について述べていきたい。

1）何もできない赤ちゃん？

1) ポルトマン, A., 高木正孝訳『人間はどこまで動物か−新しい人間像のために−』岩波書店, 1961, pp.60-66.

「赤ちゃんは未熟」というイメージをもつ保育学専攻の学生に出会うことがある。「赤ちゃんは未熟」というイメージに関わるものとして，第5章でも触れた生理的早産説がある[1]。この考え方は，より早く環境との相互作用をもつことができるため，どのような環境に生まれたとしても，その環境に合わせて適応的に発達していく特徴をもつことを示すものとしてとらえられている。ヒトの子どもは確かに未熟な部分があるかもしれないが，多様な環境に合わせて発達していく可能性を秘めているといえるだろう。

またこの生理的早産という考え方は，乳児期の子どもはその後の発達期と比べて発達が迅速に進むことを示すものといえるかもしれない。乳児は生まれてから生後1年になるまでに，ハイハイやつかまり立ち，歩行といった移動運動や，握る，腕を伸ばしてつかむ，つまむといった手指の発達といった身体的な発達が急速に進む時期である。言語的な発達においても，生後1年までに生まれた直後の叫喚発声から，言語音に近いクーイング[*2]を発するようになり，基準喃語（なんご）の時期を通して1歳前後に初語を発するようになる。このように乳児期は，多くの側面において急速な発達がみられる時期であるといえる。

＊2 クーイング：くつろいだ状況下で発せられる，声帯振動を伴う泣き声ではない発声。
正高信男・中島義明，他編『心理学辞典』有斐閣, 1999, p.199.

2）かわいい赤ちゃん？

先ほどの赤ちゃんのイメージはネガティブなものであったが，逆に「赤ちゃんはかわいい」というポジティブなイメージをもつ人も多くいるだろう。この赤ちゃんのかわいさについては，第5章において，幼児図式（乳児の身体的特徴）として見た目がかわいらしさをもつことについてすでに触れている。

　見た目のかわいらしさに加え，ヒトの赤ちゃんは生まれてすぐからヒトらしきものについて視線を向ける（注視する）傾向にある。例えば，生まれたばかりの赤ちゃんでもヒトの顔に似た図形を，二重丸等の他の図形よりも長く見ることが知られている[2]。この特性は，生まれてすぐの赤ちゃんが周りの環境にあるものの中からヒトの顔を見つけ，そちらに目を向けることを可能にする。養育行動を引き起こすようなかわいさをもつ赤ちゃんにじっと目を向けられた大人は，思わず赤ちゃんとのコミュニケーションを始めようとするだろう。

　さらに，乳児はまだ言葉を話すことができないため，「赤ちゃんは泣くことしかできない」というイメージをもつ人もいるだろう。そのため，大人が世話を焼いてあげる必要があると考える人もいるかもしれない。しかし，赤ちゃんが泣くことを通して情動を表出することにより，実は大人の方が操作され巻き込まれる形でコミュニケーションをとっているのではないかとの指摘もある[3]。

　これらのことは，乳児期の子どもはただ大人からの関わりを待つ存在というわけではなく，コミュニケーションを大人から引き出すような特徴をもっていることを示している。そして大人とのコミュニケーションを通して，多くの環境に適応するために，乳児期の子どもはその環境と関わりながら急速な発達をとげていく。

2) Fantz, R., Pattern vision in newborn infants, *Science*, **140**, 1963, pp.296-270.

3) 遠藤利彦『アタッチメント-生涯にわたる絆-』ミネルヴァ書房，2006, pp.1-31.

2　養育者との情動的コミュニケーションと愛着の形成

　0歳代の子どもたちは，まず身近な人と出会い，その人との安定的な関係を形成する中で，ものや環境との関わりを通して成長していく。保育所保育指針でも，「養護」の項目にある「情緒の安定」のねらいや内容〔第1章2（2）イ〕において，子どもが安心して気持ちを表したり，過ごしたりできるような環境を整えることが目指されている。特に0歳代の子どもは言葉を話すことができないため，大人とのやり取りは情動的なものとなる。この節では，「情緒の安定」に関わりの深い乳児期の子どもの情動的コミュニケーションと，そのコミュニケーションを通して形成されるアタッチメント（愛着）の発達を扱う。

（1）乳児期の子どもの情動的コミュニケーション

　乳児期の子どもの情動的コミュニケーションとして，ここではまず乳児の情動表出と他者の情動表出の理解の2つの側面について述べていく。

　乳児がどのような状況で表情を表出するかを詳細に観察したルイス（Lewis, M., 1877-1956）によると，乳児は誕生時に，快・不快の二極に当たる満足・苦痛

4）　Lewis, M., *Handbook of emotions*（3rd ed）, Guilford Press, 2008. pp.304-319.

＊3　この頃になると乳児は、ヒトに対してより笑い掛ける姿が見られる。特にヒトに向けて表出されるこの笑顔は、社会的微笑と呼ばれている。一方で、それまでに見られた微笑は、睡眠中によく見られる、外的な刺激によるものではないものとされ、生理的微笑と呼ばれている。

5）　Haviland, J.M. & Lelwica, M., The induced affect response：10-week-old infants' responses to three emotion expressions, *Developmental Psychology*, **23**, 1987, pp.97-104.

6）　Serrano, J.M., Iglesias, J. & Loeches, A., Infants' responses to adult static facial expressions, *Infant Behavior and Development*, **18**, 1995, pp.477-482.

＊4　この方法は、スティルフェイスパラダイムとして知られている実験的方法である。大人が円滑なコミュニケーションを行う段階と、スティルフェイスに

	満足	興味	苦痛
誕生時			
生後3か月			悲しみ，嫌悪
生後6か月	喜び	驚き	怒り，恐れ

図6－1　生後半年までの表情表出

出典）Lewis, M., *Handbook of emotions*（3rd ed）, Guilford Press, 2008, 図18-1を基に著者作成

という感情表出と，それとは別次元の興味の感情表出をもつとしている[4]。またそこから生後3か月頃までに，満足の感情から分岐して喜び[＊3]が，苦痛の感情から分岐する形で悲しみや嫌悪が表出されるようになる。生後6か月頃になると，さらに多くの感情の表出が見られるようになり，苦痛の感情からさらに怒りや恐れが，初期にあった満足から，あるいは，快不快とは独立した次元とされる興味から分岐する形で驚きの表出が出現するとされている。このように生後半年前後になると，基本的な情動についての表出が見られるようになる（図6－1）。

　情動表出の理解としては，乳児が他者の情動表出を見ている時にその表出に沿った反応を見せるかを調べる研究がなされている。例えば，母親が表情と声によって情動を表出した際に，生後10週の乳児がどのように反応するかを調べたもの[5]では，母親の喜びの表出に対して乳児は同じ喜び表情を見せ，母親の悲しみの表出に対しては，自分を落ち着かせようとする反応が，また，母親の怒り感情の表出に対しては恐れの反応がみられた。情動表出として表情のみを写真で乳児に見せた場合では，4〜6か月児が喜びの表情の写真には，笑顔を見せたり体を近づけるといったポジティブな反応を多く見せ，怒りの表情に対しては泣き顔や回避反応といったネガティブな反応を多く見せることが示されている[6]。このように，乳児期の子どもであったとしても，他者の情動表出を理解していることが示唆される結果が得られている。

　乳児の情動表出と他者の情動表出の理解以外にも，コミュニケーション中の乳児の行動を調べ，コミュニケーションの維持や調整を乳児がどのように行っているかを調べたものも存在する。

　大人が乳児と円滑にコミュニケーションをとっている最中に，大人が急に無表情のまま見つめるだけ〔スティルフェイス（still face）：静止した顔〕で固まったように反応を行わなくなると[＊4]，乳児は大人の顔に対して視線を回避する，表出する笑顔が減りネガティブな情動表出が増えるといった反応を見せる[7]。この反応は，コミュニケーションの齟齬（そご）に乳児が敏感であることを示している。特に，月齢の低い生後3か月では視線回避が多く見られ，月齢の高い生後9か月児では視線の回避や笑顔の減少が少ないことも知られている[8]。このことは

乳児のスティルフェイスに対する反応は，生後1年の間に，視線を回避しネガティブな感情を表出するといった受動的な関わり方から，笑顔を減らさずコミュニケーションを維持しようとする能動的な関わり方に変化することが示唆される結果である。

　乳児期のコミュニケーションは，非言語的な情動的な表出を基になされるものである。乳児は発達早期から情動を表出したり，理解するのみならず，他者とのコミュニケーションがうまくいっているかに敏感である。このような能力に支えられながら，乳児期の子どもは特定の他者との関係性を形成していく。

（2）アタッチメントの定義とその発達

　乳児は身近な他者と情緒的な絆を形成し，その関係性の中で発達していく。以下では，この情緒的絆としてのアタッチメント（愛着）*5がどのようなものか，またどのように形成が進んでいくのかについて触れていく。

　提唱者であるボウルビィ（Bowlby, J., 1907-1990）は，アタッチメントを，「危機的な状況に陥った際や，危機が想定されうる際に，特定の他者に近づいて安心を求めようとするものである」9)と定義している。危機的な状況で生じる情動は，不安や恐れといったネガティブな情動であり，身近な大人に近づきくっつくことにより，そのネガティブな情動を低減するためのシステムとして，アタッチメントは機能するものである。そのため，愛情といったポジティブな情動に関わる関係とは異なるものとしてとらえる必要があることを指摘する研究者も存在する10)。

　また子どものアタッチメントの対象となる身近な大人は，安全基地として機能し，安心を得られた際には子どもはその大人から少しずつ離れ，探索活動を行うようになる。安全基地としてのアタッチメント対象は，ネガティブな情動が惹起された際の，安心感を求めるための対象として，またいったん安心が得られれば，そこを中心として探索活動を行うための基地として機能する。そのため，アタッチメントは探索活動を行う中で円環的な関係（ネガティブな情動を感じてアタッチメント対象に近づく－安心したら離れて探索活動を再び行う）のもと形成されていくものといえる。

　では，アタッチメントの形成はどのように進んでいくのだろうか。それを考える上でボウルビィ9)の唱えた，アタッチメント行動の発達段階が参考になる。ボウルビィのアタッチメント行動の発達段階は，以下の4段階である。

1）第1段階　出生―おおむね生後12週頃まで

　この時期の乳児は，ヒトに対して視線を向ける，手を伸ばすといった定位行

なる段階，再び円滑にコミュニケーションを行う段階のそれぞれで乳児の反応を調べるものである。

7)　Gusella, J., Muir, D., & Tronick, E.Z., The effect of manipulating maternal behavior during an interaction on three-and six-month-olds' affect and attention, *Child Development*, **59**, 1988, pp.1111-1124.

8)　Striano, T., & Liszkowski, U., Sensitivity to the context of facial expression in the still face at 3-, 6-, and 9-months of age, *Infant Behavior & Development*, **28**, 2005, pp.10-19.

＊5　本章では，愛着をアタッチメントと表記する。これは，アタッチメントの定義に従い，モノに対する愛着（お気に入りのぬいぐるみ等）のように，ポジティブな情動が関わる関係と混同されないように，明確な区別を行うためである。

9)　Bowlby, J., *Attachment and loss Vol.1 Atttachment*, Basic Books, 1969, pp.265-298, pp.371-378.

10) MacDonald, K., Warmth as a developmental construct : An evolutionary analysis, *Child Development*, 63, 1992, pp.753-773.

動や，微笑む，声を発するといった行動が見られる。これらはアタッチメント行動と呼ばれるものである。ただし，個人を区別する力は制限されているため，特定の他者との関係というより，近くの他者へアタッチメント行動を向ける。

2）第2段階 —生後6か月頃まで

第1段階に続いて，他者の区別なく関わろうとするが，個人を区別する能力が発達してくるため，養育者のような普段接する身近な他者へよりアタッチメント行動を向けるようになる。

3）第3段階 —2，3歳頃まで

さらに個人を区別するようになり，身近な他者と見知らぬ人への区別を明確に示すようになる。養育者には，離れると後追いをしたり，戻ってきた際に歓迎したり，探索活動の基地とするようになる一方で，見知らぬ他者を警戒し，その人物から撤退する行動，いわゆる人見知りを見せるようになる。また，後述する手段−目的関係を理解するようになることに支えられ，アタッチメント行動が目的修正的に組織化されるようになる。

4）第4段階　3歳頃以降

アタッチメント対象の認知的なイメージが形成され，時空間的に連続したものとしてアタッチメント対象をとらえるようになる。また，身近な他者の行動の背後にある設定した目標や計画にある程度気付き，自分の行動を柔軟に変更することで，他者と協調的な関係を築くようになる。

このアタッチメント行動の発達段階からは，乳児期はアタッチメントを形成していく期間として重要な位置を占めていることがわかる。

11) Ainsworth, M. D.S., Blehar, M.C., Waters, E., & Wall, S. *Patterns of attachment*. Lawrence Erbaum, 1978.

アタッチメントには個人差があり，子どもは自身の置かれた環境によって異なるタイプのアタッチメントを形成していく。エインズワース（Ainsworth, M.D.S., 1913-1999）は1歳台の子どものアタッチメントの個人差を測定する方法として，ストレンジ・シチュエーション法を開発した[11]。この方法は，マイルドなストレスにさらされた際に，子どもがアタッチメントの対象へどのように行動し，安全基地としてその対象をどのように利用するかを調べる方法である[*6]。アタッチメントタイプは現在では，回避型，安定型，アンビヴァバレント型，無秩序・無方向型の4タイプに分類される。タイプごとのストレンジ・シチュエーション法での行動特徴や，養育者の関わりは表6−1のようにまとめられる。この表からは，回避型の子どもは，泣く等のアタッチメント行

＊6　この方法は，実験室に養育者と子どもを招き，養育者が部屋から出る（分離），見知らぬ人が近づいてくるといったストレス下に子どもが置かれる。また養育者が部屋に戻ってくる（再会）際の子どもの観察も行われる。

表6－1 アタッチメントタイプごとの子どもの行動特徴と養育者の関わり

	ストレンジ・シチュエーションにおける子どもの行動特徴	養育者の日常の関わり方
Aタイプ（回避型）	養育者との分離に際し，泣いたり混乱を示すということがほとんどない。再会時には，養育者から目をそらしたり，明らかに養育者を避けようとしたりする行動が見られる。養育者が抱っこしようとしても子どもの方から抱きつくことはなく，養育者が抱っこするのをやめてもそれに対して抵抗を示したりはしない。養育者を安全基地として（養育者と玩具などの間を行きつ戻りつしながら）実験室内の探索を行うことがあまり見られない（養育者とは関わりなく行動することが相対的に多い）。	全般的に子どもの働きかけに拒否的にふるまうことが多く，他のタイプの養育者と比較して，子どもと対面しても微笑むことや身体接触することが少ない。子どもが苦痛を示していたりすると，かえってそれを嫌がり，子どもを遠ざけてしまうような場合もある。また子どもの行動を強く統制しようとする働きかけが多く見られる。
Bタイプ（安定型）	分離時に多少の泣きや混乱を示すが，養育者との再会時には積極的に身体接触を求め，容易に静穏化する。実験全般にわたって養育者や実験者に肯定的感情や態度を見せることが多く，養育者との分離時にも実験者からの慰めを受け入れることができる。また，養育者を安全基地として，積極的に探索活動を行うことができる。	子どもの欲求や状態の変化などに相対的に敏感であり，子どもに対して過剰なあるいは無理な働きかけをすることが少ない。また，子どもとの相互交渉は，全般的に調和的かつ円滑であり，遊びや身体接触を楽しんでいる様子が随所にうかがえる。
Cタイプ（アンビヴァレント型）	分離時に非常に強い不安や混乱を示す。再会時には養育者に身体接触を求めていくが，その一方で怒りながら養育者を激しくたたいたりする（近接と怒りに満ちた抵抗という両価的な側面が認められる）。全般的に行動が不安定で随所に用心深い態度が見られ，養育者を安全基地として，安心して探索活動を行うことがあまりできない（養育者に執拗にくっついていようとすることが相対的に多い）。	子どもが送出してくる各種アタッチメントのシグナルに対する敏感さが相対的に低く，子どもの行動や感情状態を適切に調整することがやや不得手である。子どもとの間で肯定的な相互交渉を持つことも少なくはないが，それは子どもの欲求に応じたものというよりも養育者の気分や都合に合わせたものであることが相対的に多い。結果的に，子どもが同じことをしても，それに対する反応が一貫性を欠いたり，応答のタイミングが微妙にずれたりすることが多くなる。
Dタイプ（無秩序・無方向型）	近接と回避という本来ならば両立しない行動が同時的に（例えば顔をそむけながら養育者に近づこうとする）あるいは継続的に（例えば養育者にしがみついたかと思うとすぐに床に倒れ込んだりする）見られる。また，不自然でぎこちない動きを示したり，タイミングのずれた場違いな行動や表情を見せたりする。さらに，突然すくんでしまったり，うつろな表情を浮かべつつつじっと固まって動かなくなってしまったりするようなことがある。総じてどこへ行きたいのか，何をしたいのかが読みとりづらい。時折，養育者の存在におびえているような素振りを見せることがあり，むしろ初めて出会う実験者等に，より自然で親しげな態度を取るようなことも少なくない。	Dタイプの子どもの養育者の特質に関する直接的な証左は少ないが，Dタイプが被虐待児や抑うつなどの感情障害の親を持つ子どもに非常に多く認められることから以下のような養育者像が推察されている。（多くは外傷体験などの心理的に未解決の問題を抱え）精神的に不安定なところがあり，突発的に表情や声あるいは言動一般に変調を来し，パニックに陥るようなことがある。言い換えれば子どもをひどくおびえさせるような行動を示すことが相対的に多く，時に，通常一般では考えられないような（虐待行為を含めた）不適切な養育を施すこともある。

出典）数井みゆき・遠藤利彦編『アタッチメント-生涯にわたる絆-』ミネルヴァ書房，p.53，表3－1.

動を行ったとしても養育者から避けられた結果，養育者を回避し安全基地として利用しなくなり，アンビヴァレント型の子どもは，アタッチメント行動に対して養育者が常に応えるわけではないため，常に養育者との近接を維持しようとするといったように，養育者の関わりが子どものアタッチメントの形成に影響を与えていることが示唆される。これらの2つの型は，不安定な型ではあるが，回避型は関係をもたないようにする，アンビヴァレント型は常にそばにいようとするという組織だった方略を用いているといえる。しかし，無秩序・無方向型については，養育者が心理的に安定しておらず，安心や安全を求める対象である養育者自身が子どもを怯えさせるような関わりとなるため，子どもは組織だった行動ができないことがうかがえる。このように養育者の関わりは，子どもが養育者とどのような関係性をもつかに影響を与えうるものであるといえる。

　アタッチメント対象としての身近な他者は，養育者，特に母親として，母子関係の研究が主に行われてきた。しかし近年では，母親以外の身近な他者として，父親や保育者へのアタッチメントを調べる研究もみられる。そこでは，母親や父親とは独立に，保育者とのアタッチメント関係が子どもの社会的能力に影響することが示されている[12]。養育者とは別の関係性として，保育者が子どもと適切なアタッチメントを築くことの重要性が示されてきているといえる。母親や父親の代わりではなく，園での子どもとの関係の中心を担う保育者も，子どもの発達にとって重要な存在であることがわかる。

　またアタッチメントを形成に影響を与える大人の要因として，敏感性があげられる。敏感性は，子どものシグナルを適切に受け取り，干渉せず子どもの状態に適切に応えられる特性とされる[13]。養育者である母親の敏感性が子どもとのアタッチメントに与える影響は数多く研究されているが，保育者と子どもの場合は子どもが集団で過ごすため状況が異なるようである。保育者と子どものアタッチメントについては，子どもの数が増えるにつれて，個別の子どもに対する敏感性に比べ，集団全体にどれだけ目を配っているかという集団に対する敏感性が影響することが示されている[14]。

12) van IJzendoorn, M.H. & Lambermon, M.W.E., *Beyond the Parent : The Role of Other Adults in Children's Lives*, Jossey-Bass, 1992, pp.5-24.

13) Ainsworth, M.D. S., Blehar, M.C., Waters, E., & Wall, S., *Patterns of attachment : A psychological study of the strange situation*, Lawrence Erlbaum Associates, 1978.

14) Ahnert, L., Pinquart, M. & Lamb, M.E., Security of children's relationships with nonparental care providers : A meta-analysis, *Child Development*, **74**, 2006, pp.664-679.

3　探索活動と感覚運動的知能・言葉の芽生え ―目的と手段の分化―

（1）感覚運動的知能の発達

　ピアジェの提唱した認知発達の発達段階説では，乳児期は感覚運動期に含ま

れる。ピアジェの発達段階理論については第 2 章でふれたが，乳児期に特徴的な子どもの姿について，ここで触れておく。

　ピアジェは，子どもの行動観察から思考が感覚や運動と結び付いていると考え，最初の発達段階を感覚運動期と名付けた。この行動観察の対象となったものの一つに，子どもの見せる循環反応がある。

　循環反応とは繰り返し同じことを行う探索的反応を指す。赤ちゃんは，飽きずに同じことを何度も繰り返すが，これは探索を行い，知識を得ようとする活動とみなされる。ピアジェ[15]はこの循環反応を第 1 次，第 2 次，第 3 次に分けたが，0 歳代の乳児期に見られるものは，第 1 次循環反応と第 2 次循環反応である。第 1 次循環反応は，生後 2 か月頃から見られるもので，生まれもった行動レパートリーである反射を，経験を通して協応する（組み合わせる）形で出現するものである。具体的には，指しゃぶりのような自分に対して行う繰り返し行動である。第 2 次循環反応は生後 4 か月頃から見られる。おもちゃを落とすことを繰り返したり，周りの大人に同じことをしたりするよう促すといった，外界に意図的に関わろうとする繰り返し反応である。これは，行動レパートリーの中から偶然引き起こされた結果を再現する形で意図的に外界と関わろうとする姿としてとらえられる。

（2）言葉の芽生え―手段と目的の分化

　この第 2 次循環反応を様々な外界のものに行うことを通して，生後 8 か月頃には，すでにもっているやり方を新しい状況へ適用する姿が見られるようになる。つまり，偶然起こった結果を同じように再現するのではなく，自身の行為の手段と目的を分化させるようになる。ピアジェが観察した例であれば[15]，目的のもの（箱）が障害物（枕）の下にある際に，障害物をつかんで持ち上げるという行為がそれにあたる。もともと箱で遊ぶ経験があり，何度も箱をつかんでいたが，同じつかむという行為が枕に適用されている。このとき，枕をつかむ行為は，枕自体をつかむことが目的なのではなく，箱をつかむための手段となっており，もともとの箱をつかむという目的とは分化したものとなっている。この新しい状況にすでにもっている知識を適用することが，最初の知的行為であるとピアジェはみなしている。

　このような新しい状況に対して，すでにもっている知識（シェマ）を適用することは，すでに知っている状況と新しい状況との関係を把握したり，一つの知識を適用する複数の状況が存在するといった点で，その後獲得する言葉に類似した機能をもつと考えられる。このように，乳児期に発達していく感覚運動的知能は，言葉を話すための萌芽としてとらえられるものである。

15）ピアジェ, J., 谷村 覚・浜田寿美男訳『新装版 知能の誕生』ミネルヴァ書房，2022，pp.48-273.

コラム　　乳児の保育と内容

　多くの人は，乳児の表情や姿を微笑ましく感じ，見ていると笑顔になります。電車やバスで乳児を見掛けたときにじっと見つめられると，思わず笑顔になってしまいますね。乳児は大変愛らしい存在ですが，一方で多くのものを吸収して伸び行く可能性を秘めた存在です。保育所や認定こども園（以下，保育所等）ではどのような考えに基づき乳児保育を行っているのでしょうか。

　乳児期は子どもが発信する信号に応える，つまり応答的関係が非常に大事になります。乳児は自ら話をしたり移動したりすることはできません。しかし「泣く」ことで「おなかがすいたな」「おむつが気持ち悪いな」「眠いなあ」というような感情を伝えようとしています。乳児保育では，この「泣き」に適切に関わることが求められます。保育所等では乳児の保育はどのように行われているのでしょうか。

　保育所保育指針の乳児保育に関わるねらい及び内容では冒頭に基本的事項として「特定の大人との応答的な関わりを通じて情緒的な絆が形成される」〔第2章1（1）〕と，愛着について述べられています。これは保育が個別的で応答的に展開されることで達成できる内容と考えられます。また，身体的発達に関する視点「健やかに伸び伸びと育つ」，社会的発達に関する視点「身近な人と気持ちが通じ合う」及び精神的発達に関する視点「身近なものと関わり感性が育つ」という3つの視点についても述べられています〔第2章1（1）〕。乳児期は心身の様々な機能が未熟で未分化な時期なので，安全かつ情緒の安定した環境下で生活や遊びの充実が図られることが求められます。では，個別的で応答的な対応とは，具体的にどのようなことでしょうか。

　乳児の保育の場において，担当制保育を導入する園が増えてきています。しかし日本では「担当制保育」について明確な定義付けがなされていません。様々な担当制保育を実施している保育所等をみても，特定の遊びの場所を特定の保育者が担当する方法（場所の担当制）や特定の子ども集団を特定の保育者が担当する方法（グループの担当制）等，様々な解釈で保育が展開されています。しかし，保育所保育指針に則り，子どもとの間に応答的な関わりと情緒的な絆の形成を目指すのであれば，「食事・睡眠・排泄などの生活場面で，特定の保育者が特定の子どもを継続的に担当し，援助する方法」，育児担当制を乳児への保育で実践することが，子どもと保育者の間に信頼関係を形成するのにふさわしいと考えられます。育児担当制では特定の子どもの生活場面（食事・睡眠・排泄）を特定の保育者が担当します。個別的な関わりの中で，保育者は，一人一人の子どもの排泄のタイミングや食事のリズム，入眠の様子などを把握し，子どもの求めにより的確に応答的な対応をすることが可能になります。この章の冒頭の事例のように，子どもに話し掛け，応答的に関わること，この繰り返しが子どもと保育者の間に情緒的な絆，信頼関係を形成し，人格の基礎を形づくるのではないでしょうか。乳児期は子どもの人格形成の大事な時期ですから，子どもにとってよりよい保育の方法を検討し実践することが望まれます。

参考文献
「げ・ん・き」編集部『乳児の発達と保育 遊びと育児』エイデル出版，2011.

第7章 身体機能・運動の発達と探索
―1歳〜2歳の頃―

子どもは身の回りにある様々なものに興味をもつ。歩くことができるようになると，視野の広がりとともに行動範囲も広がる。子どもの「自分でやってみたい」気持ちを育てるためには子どもの発達の様子を理解した上で援助をする保育者（本章では，保育士・保育教諭をいう）の存在が大切である。本章では，1歳児，2歳児の発達の様子を中心として身体機能や運動機能の発達について理解を深めていこう。

事例7－1　身体の動きと姿勢の変化を楽しむ

2歳児のK児，すずらんテープが垂れ下がるトンネルに興味津々。トンネルのこちら側から向こうは見えない。保育者がトンネルの向こうから「Kちゃん，トンネルくぐってこっちにおいでよ」と声を掛けると，K児はすずらんテープの垂れ下がったトンネルをおそるおそる匍匐(ほふく)前進。トンネルを抜けると，「Kちゃんようこそ！」と大好きな保育者が抱きしめてくれた。すると，すぐに取って返して，もう一度トンネルをくぐり始めるK児である。トンネルの向こうには，フープの道，大型積木の階段や橋，マットの坂，トランポリンの池がある。他児たちも，フープの道を両足で跳んだり，積み木の階段を登り，マットの坂を転がったり，トランポリンで跳ねたりして，思い思いに全身を使った活動を楽しんでいる。保育者は安全を確認しながら見守り，やり遂げた子どもの身体を受け止める。

この時期，歩行が安定し，不安定ながらも跳んだり跳ねたり転がったりする活動を楽しむようになる。転びそうで転ばないスリルを楽しみながら，バランス感覚と身体軸の身体感覚が育ってくる。こうした身体の姿勢の変化は，見える世界に変化を与え，子どもの認知・認識に影響する。

第7章では，1歳から2歳に掛けての発達の姿と，この期の中核となる身体的機能・運動の発達と環境の関わりに伴う認知の発達について理解を深める。

1 1歳～2歳児の発達の特徴

（1）「自分でしたい」思いが強くなる

この時期の子どもは，少しずつ自分でできることが増えてくるため，「自分でやってみたい」という思いが強くなる。一方で「やりたい」ことと「できる」ことには差があり，「自分でする」と主張しながらも実際にはできないという場面がよく見られる。また，自分でやろうとしている時にも「見ていて」と大人からの見守りの中で挑戦する姿が見られる。言い換えれば，見守ってくれる大人の存在を感じられるからこそ，「やってみる」ことができるといえる。そこには，大人に依存したい気持ちと自立したい思いが共存している。

*1 **基本的生活習慣**：食事・睡眠・排泄・清潔・着脱衣のこと。

基本的生活習慣*1についても同様である。例えば，上着を着るとき，ボタンをなかなか留められない。大人がやってあげようとしても「自分でする」と言い張る。時間を掛けて，「やっぱりできない，やって」と大人に助けを求めることや，留められたけれども穴がズレていることもよくある。このような時は「だから言ったでしょ」等，否定的な受け止めではなく，自分でやろうとした気持ちを受け止め，応答的に関わることが必要である。

（2）いろいろな体の動きを試す

歩いたり小走りができるようになったりと，自分の身体を調整することができるようになるこの時期，子どもの好奇心はますます旺盛になってくる。事例に出てくるK児のように，トンネルをくぐるのは少し怖いけれど，保育者の笑顔と声に勇気を出して挑戦してみることもできるようになる。例えば，フープの道では普段よりも大きく足を踏み出さなければならないし，マットの坂では平たんな道よりもちょっとだけ足に力を込めなければならずに転ぶこともある中で，「少し勇気がいるけれど，少し難しいけれどやってみよう」という気持ちが育ってくる。挑戦する自分を保育者が受け止めてくれることで達成感や自己有能感が育ち，さらに難しい挑戦に踏み出すことができるようになる。

（3）1歳～2歳児の発達課題

この時期は人としての生きる基盤が形成される重要な時期である。最も大きな変化の一つは一人での歩行ができるようになることであるが，他にも，自らスプーンやフォークを使って食べる，自らの意思で「やる・やらない」を決められる，自分の思いを言葉を使って相手に伝えられるようになる。そこでは，

大人の思いとの摩擦が生じ，時には欲求が満たされないこともある。それは，自分と異なる他者の存在に気付くきっかけとなり，自律性の芽生えにも関係する。満たされない気持ちを味わったときに大切なのは，自分が周りから受け入れられていると感じさせてくれる大人の存在である。心の拠り所である安全基地としての大人の関わりによって，心を立て直し，失敗しながらも小さな成功体験を積み重ねる中で，自己有能感が育まれ，主体的に生きる力が育まれる。

2　身体機能の発達

（1）スキャモンの発育曲線

ヒトの身体的器官の発達はそれぞれの部位によって発達する時期が異なる。スキャモン（Scammon, R.E., 1883-1952）の発育曲線（図7-1）では，リンパ型，神経型，一般型，生殖型に分けられている[*2]。乳幼児期に特に発達するのは，脳等の神経系であり，幼児期後半には成人の80～90％くらいに達する。次いで免疫力等をつかさどるリンパ型が発達しており，12歳頃をピークに次第に落ち着いてくる。また，一般型とされる身体の発達も，身長や体重の増加が著しい。生殖系は，児童期まではわずかな成長で思春期に急激に発達する。

*2　スキャモンは，20歳での発達を100％とした場合の誕生から20歳まで各器官がどのように発達していくのかを図に示した。

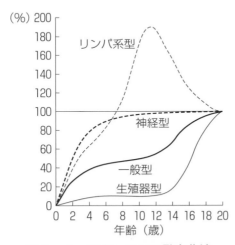

図7-1　スキャモンの発育曲線

出典）Scammon, R.E., The measurement of the body in childhood, In Harris, J,A., Jackson., C,M., Paterson, D,G. and Scammon, R.E. Eds, *The Measurement of Man*, Univ. of Minnesota Press, Minneapolis, 1930.

（2）脳の発達

　先述したように乳幼児期は，脳が急速に発達し，神経系（自律神経，運動神経）の発達が目覚ましい。誕生時の脳の重さは約400ｇであり，生後6か月頃にはその2倍程度の重さとなる[1]。神経細胞の数は乳児も大人もその数はほとんど同じであり，神経細胞間のネットワークができることによって脳の重さが増加する。このネットワークの構築が生後1〜2年の間に急速に進むが，脳は部位によって司る機能が決まっており，発達の速度も異なる。例えば，運動や感覚を司る部位は発達が速く，言語や思考を司る部位はゆっくりである。特に身体の姿勢やバランス，身体の動きを保つ働きをもつ小脳は，2歳になる頃にはほぼ完成する[2]。

（3）循環器機能の発達

　この時期は基本的生活習慣を身に付ける時期でもある。1歳を過ぎるとトイレトレーニング[*3]の中で，便器に座って自分で排泄をするようになっていく。排泄に関してはどうしても，おむつが取れ，トイレでの排泄に目が向きがちであるが，1歳児期の排泄で大切にしたいのは，排泄したことを知り，「出た！」と気付くという排泄の感覚をつかんでいくことである[3]。尿意や便意を感じると，もぞもぞ動いたり行動が落ち着かなくなったりする。このような様子が見られたら声を掛けてトイレに促したり，活動の切れ目にトイレに誘ったりしてトイレでの排泄の経験を重ねていくように働き掛ける。初めは慣れない空間の中で緊張してしまう子どももいるし，尿意を感じるのがぎりぎりになってトイレでの排泄が間に合わず失敗することもある。この年齢の子どもたちは，失敗した時に「恥ずかしい」という気持ちも芽生えている。そのため失敗を責めてしまうと，失敗の恥ずかしさから保育者に尿意を伝えることができずにお漏らしを繰り返したり，排泄に対して神経質になってしまったり，育ちつつある自尊心が傷つくこととなる[3]。保育者は尿意を感じられたことや保育者に「おしっこ」と伝えられたことを受け止め，子どもが排泄を心地よい経験として身に付けられるように援助することが大切である。初めの頃は活動の切れ目のタイミング等で保育者がトイレに誘うけれど，トイレでの排泄を経験していく中で，少しずつ自分のタイミングでトイレに行けるようになる。

（4）体格の変化

　乳幼児期の発達は，生後1年間が最も速く，2歳以降では他の時期と比べれば速いことには変わりはないが，それまでに比べると緩やかになる。

1）渡辺弥生監修『図解よくわかる発達心理学』ナツメ社，2010，pp.32-33.

2）モリス，D.，他監修『赤ちゃんの心と体の図鑑』柊風舎，2009，p.128.

＊3　トイレトレーニング：乳幼児期の子どもがトイレで排泄ができるようになるための練習やその期間。
　中坪史典，他編『保育・幼児教育・子ども家庭福祉辞典』ミネルヴァ書房，2021，pp.226-227.

3）長瀬美子『乳児期の発達と生活・あそび』ちいさいなかま社，2017，p.71.

　表7－1は，誕生から6歳までの身長及び体重について，それぞれの発達の経緯を示したものである。1年間ごとの増加量をみると，男児は生後1年間で身長は26.2cm伸び誕生時の約1.5倍となり，体重は6.3kg増え誕生時の約3倍である。次の1年間でも，身長は11.8cm伸び1歳時の約1.2倍，体重は2.75kg増え1歳時の約1.3倍となっている。女児についても男児と同様の傾向がみられる。これらの増加量をみても，生後1年間の乳児の発達の速度は著しいことがわかる。

表7－1　身長・体重の発育

年齢	男児平均値		女児平均値	
	身長（cm）	体重（kg）	身長（cm）	体重（kg）
出生時	48.7	2.98	48.3	2.91
0 年 6 ～ 7 か月	67.9	8.01	66.4	7.52
1 年 0 ～ 1 か月	74.9	9.28	73.3	8.71
1 年 6 ～ 7 か月	80.6	10.41	79.2	9.79
2 年 0 ～ 6 か月	86.7	12.03	85.4	11.39
3 年 0 ～ 6 か月	95.1	141.0	93.9	13.59
4 年 0 ～ 6 か月	102.0	15.99	100.9	15.65
5 年 0 ～ 6 か月	108.2	17.88	107.3	17.64
6 年 0 ～ 6 か月	114.9	20.05	113.7	19.66

出典）厚生労働省「乳幼児身体発育調査」2010より抜粋して著者作成

　しかし，身長と体重の発達速度が異なるため，身体のバランスが悪く，転びやすい。

　また，乳児の骨は大人と比べてかなり柔らかい。生まれたばかりの赤ちゃんは手首の骨が数個しかできておらず（図7－2），発達するにしたがって，複数の骨が形成される。骨の発達は，身体発達の程度を知る手掛かりとなるといわ

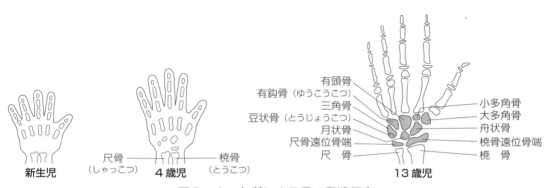

図7－2　年齢による骨の発達程度

れているが，手指の発達については，化骨（骨組織の形成）の様子とあいまって骨年齢を推定することができる。

3 乳幼児期の運動発達

（１）反射行動から意識的な行動へ

　出生直後の新生児は外部からの刺激に対して反射的な行動（原始反射）が見られる（p.49～参照）。これらは新生児期から乳児期前半を中心に観察され，反射の種類により時期は異なるが，次第に消失していく。原始反射は子どもが生きていくために必要な反射であり，原始反射が消失すると，それらの行動は次第に自分の意志に基づいて意識的に行われるようになる。

＊４　粗大運動：p.16
の側注＊１を参照。

（２）粗大運動[＊4]の発達

　１歳くらいになると子どもは不安定ながらも一人で歩くことができるようになる。この頃はまだ転ぶことも多く，時にはハイハイによる移動もしながら次第にうまく歩くことができるようになっていく。同時に大人に手を引かれて階段の昇り降りもできるようになる。歩き始めの頃は，両手を上にあげてバランスを取るような行動が見られる。転ばずに歩くためには身体の筋肉がつき，うまくバランスを取れるようになることが必要となる。

　子どもが歩けるようになることは大人にとってもうれしい出来事であるけれども，歩けるようになるまでには，「首がすわる」から「つたい歩きができるようになる」といった発達の流れがある。これらの発達は急に次の段階に進むものではなく，それぞれの段階を経て進むものであることに留意し，周囲の大人は，この過程の一つ一つを大切にしながら子どもの「歩きたい」と思えるような働き掛けを行うことが求められる。

　歩けるようになった子どもは，自分の行きたいところに移動できる範囲が大きく広がることとなる。これまで自分一人では行きづらかった場所にも行きやすくなり，ハイハイの頃と比べて視野も広がるため，周囲の魅力的なものに対して興味・関心の範囲が広がっていく。「歩く」という行為は自立の第一歩ともいえる。１歳半くらいになると，転ばず安定して歩くことができるようになり，小走りをしたり体の向きを変えたりすることも可能になる。また，階段の昇り降りも一段ずつ足をそろえてではあるができるようになる。

　２歳くらいになると，急に止まることは難しいが転ばずに走ることもできるようになってくる。また，階段の昇り降りやその場でジャンプをする，短い時

間片足立ちをする，少し高い場所から飛び降りる，溝をまたぐ，鉄棒にぶら下がる等の動きもできるようになってくる。2歳後半になると徐々に土踏まずが形成されるようになり，全力で走り，止まることができるようになる。地面を蹴りながら三輪車に乗ったり，手をつないでもらいながら平均台の上を歩いたりすることもできるようになる。

　3歳〜4歳くらいになると，基本的な運動能力が身に付いてくるため，後ろ向き歩きやスキップ，ケンケン，つま先歩き，かかと歩き等，様々な歩き方ができるようになる。また，走りながら方向転換もできるようになるため，鬼ごっこ等，友だちを追い掛けたり追い掛けられたりしながら遊ぶことを楽しむようになる。また，三輪車もペダルに足を掛けて乗る，ジャングルジムの低い段に昇る，滑り台を滑る等もできるようになる。このように遊具を使った遊びにも積極的に興味を示すようになってくる。

　4歳〜5歳くらいになると，平衡感覚が発達してくるため，高い段差から飛び降りる，跳び箱を飛ぶ，平均台を渡る，縄跳びをする，竹馬に乗る，雲梯（うんてい）を渡る，フラフープをする等，ダイナミックな動きが可能になる。走るスピードが増し，速さを調整したり走りながらカーブを曲がったりすることもできるようになる。また，同時に複数の動きができるようになるため，音楽に合わせてスキップする，リズムに合わせて太鼓を打つ・踊る，走りながらボールを蹴る等もできるようになる。

　6歳くらいになると，基本的にはほぼ大人と同じ動きができるようになる。背筋力も強くなるため，鉄棒で前回りや逆上がりをしたり跳び箱を跳んだりできるようになる。

（3）微細運動[*5]の発達

生後間もない赤ちゃんは原始反射（p.49〜参照）によって掌（てのひら）に触れたものを握る。次第に反射ではなく，自分の意志で目の前にあるものを握ろうとし始める。子どもは目に入るいろいろなものに興味を示すが，手にするためには，自分とものとの距離をとらえて手を伸ばし，手に触れたものをつかむ，握るといった動作が必要となる。図7−3に示すように1歳くらいになると，指先でつまむことができるようになるため，積み木を3つほど積み上げられるようになる。また，クレヨンをわしづかみしてなぐり描きや往復線を描いたり，スプーンを使ってご飯を食べたりコップを持って飲むことができるようになる。また，丸や三角，四角など基本的な図形がわかるようになるため，型合わせや型落とし等で遊ぶことができるようになる。

　2歳くらいになると，指の力が強くなり，1本ずつ動かすことができるよう

＊5　微細運動：p.16の側注＊1を参照。

	2か月	4か月	6か月	8か月	10か月	12か月
つかみ型	把握反射 	小指と掌の間に入れてつかむ。 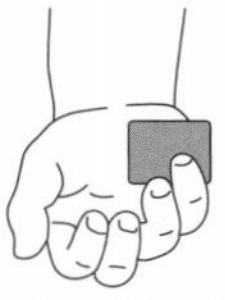	親指以外の4本の指と掌の間に入れてつかむ。小さなものをつかむ時は4本の指を揃えて、掻き寄せるようにする。 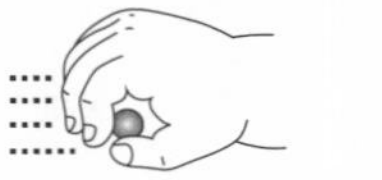	親指を人さし指のほうに動かせる（内転）ようになり、有効に働きはじめる。 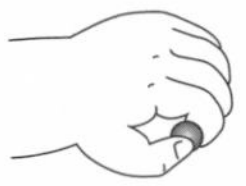	指が一つ一つ独立してきて、親指と人さし指でものをつまめるようになる。 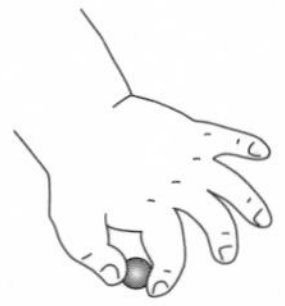	親指と人さし指でつまんだとき、他の指が広がらなくなる。 

図7-3　もののつかみ方

参考）三木（1956）を引用した新井邦二郎『図でわかる学習と発達の心理学』福村出版，2001，p.108を参考に作成

になってくる。細長い折り紙を指でちぎる，シールを貼る，ドアノブを回す，粘土を引っ張る，絵本のページを自分でめくる等ができるようになる。また，片手に茶碗，もう片方の手にスプーンやフォークを持ち，こぼすことが少なくなり，一人で上着を脱いだりズボンをはいたりすることもできるようになる。この時期は，ひも通しや洗濯ばさみを使って遊ぶことも楽しむようになる。

　3〜4歳くらいになると，指先を器用に使うことができるようになるため，箸を使って食べる，はさみを使って直線を切る，丸や四角等の簡単な図形を真似して描く，ボタンのつけ外しをする，ファスナーを一人で留める，ハンカチでお弁当箱を包んで結ぶ等ができるようになる。また，粘土をこねて好きな形を作る，折り紙を折る，ブロックをつなげる等の遊びをすることができるようになる。

　4歳〜5歳くらいになると，はさみを使って線に沿って円を切ったり，ひもを通したり一人で結んだりすることや，箸を使ってこぼさずに食事をするようになる。この頃には，日常で必要な動作は一通りできるようになる。

　5歳〜6歳くらいになると，簡単なひらがなや数字を真似て書くことができるようになる。

（4）探索行動の始まり

　歩いたり走ったりできるようになる1歳〜2歳の頃は，行動範囲が広がるとともに好奇心旺盛で周囲の様々なことに興味をもち，探索欲求も高い一方で想像力が未熟なため危険な行動も増えてくる。感覚運動期（p.20参照）であるこの時期は，手で触れてなめてものの素材の感触を味わう。また，目的を達成するために道具を用いて大人が思いもよらない高さに昇ることも可能になる。そ

のため，誤飲や転落等，重大な事故につながることがある。保育者は子どもが十分に体を動かせる環境を整えるとともに，危ない行動にはなぜ危険であることを伝えながら，どうしたらよいのかを繰り返し伝えていくことが必要である。

4　子どもの発達を促す保育者の援助

　運動機能の発達は遊びを通して促される。そこでは，子どもが意欲的に遊びに参加することが大切である。保育者には，安全に十分留意しながら子どもの能力に合わせて遊びを援助することが求められる。

　「ちょっと難しいけれどやってみたい」子どもの姿がそこにはある。何度も失敗を繰り返しながら挑戦することによって，できなかった自分からできる自分が増えていく。失敗してくじけそうになっても何度も挑戦することができるのは，「安全基地」である保育者がそこにいて，なぐさめてもらったり励ましてもらったりするからである。失敗を見守りながら，子どもがどこにつまずいているのか，どんな気持ちで挑戦しているのかを考慮することが大切である。その際，子どもの能力以上の援助を行わないように留意しなければならない。園には子どもにとって魅力的な遊具がたくさんある。例えば，大きな滑り台を滑りたい２歳児は，保育者に滑り台に乗せてほしいを訴えることがある。滑り台を滑るためには同じ高さまで階段を昇る必要があるが，この階段を自分の力で昇る筋力や体力がついていない子どもを高い滑り台に乗せると，自身の体のコントロールができないため，けがにつながることとなる。子ども一人一人の発達の状況に合わせた援助を心掛けることが求められる。

●参考文献

大橋喜美子『０・１・２歳児の保育の中にみる教育　子どもの感性と意欲を育てる環境づくり』北大路書房，2017.

無藤　隆編著『保育・教育ネオシリーズ5　発達の理解と保育の課題』同文書院，2012.

小林芳郎監修，荻原はるみ編著『乳・幼児の発達心理学』保育出版社，1996.

佐藤公治編著『発達と育ちの心理学』萌文書林，2019.

金子龍太郎・吾田富士子監修『保育に役立つ！子どもの発達がわかる本』，ナツメ社，2011.

福岡地区小児科医会　乳幼児保健委員会編集『乳幼児健診マニュアル第6版』医学書院，2019.

山下富美代編著『図解雑学　発達心理学』ナツメ社，2003.

コラム　　1歳～2歳児の保育と内容

　1・2歳児の保育は，この時期の発達の特徴を踏まえ，そのねらい及び内容は「健康，人間関係，環境，言葉，表現」の5領域で示されています。これは，乳児の3つの視点と，3歳以上児の保育の内容とも連続性をもっていること，また子どもの発達は，諸側面が密接に関連し合うため，実際の生活と遊びにおいて総合的に展開されることを意識しておく必要があります。

　この時期は，歩き始めから，走る，跳ぶ等，徐々に基本的な運動機能が発達し，行きたいところに行くことができるようになります。保育者は，安全な空間を確保し，押して歩く，引っ張って遊ぶ，持って走る等，体全体を使った遊びを楽しむことができる保育を心掛けます。

　様々な遊びを楽しむ中で，子どもは自分の好奇心を満たすために積極的に周りの環境に関わろうとしますが，子どもが出会うものや何かを見つけたとき，保育者はその出来事に共感して寄り添い，言葉に表していくことが大切です。子ども自身が身体を通して関わり，感じ取ったことを保育者に受け止められ，言葉や表情で表現してもらう経験の積み重ねは，子ども自身が言葉を使うこと，表現する力や感性を豊かにすることにつながります。

　手指の操作性が高まる1歳半頃は，持っているものを入れるものの形に向きを合わせて入れるなど，腕や手首のコントロールがスムーズにできるようになっていきます。2歳頃には，様々な形状のものを分けたり並べたり，指先を使った細かい遊びを増やします。「ひも通し，型はめ，積み木，ブロック等」は，ふたをねじる，つまみを回す等，指先の力を調整して行う操作と連動します。これらの発達は，「食具を使って食べる。自分で衣服を着ようとする。排泄ができる」等，様々な生活経験の発達や遊びにつながっていきます。

　保育者と子どもの一対一の関係は，保育者がしていることを自分もやってみたいと思い真似てみます。その楽しいやり取りの様子は，他の子どもが遊びに関心をもつきっかけになり，保育者の仲立ちや働き掛けによって，少人数の子どもが関わる遊びも楽しめるようにもなります。

　2歳半頃は，言葉の発達が進み，保育者や身近な友だちとの言葉のやり取りを楽しみ，子ども同士の関わりが育まれていく時期でもあります。一方で，思う通りにならない，双方の思いがうまく伝わらず，泣いたりかんしゃくを起こしたりすることもあります。保育者は，子どもの気持ちを代弁し，相手の思いに気付けるような橋渡しをしつつ，子ども同士をつなぐ役割が求められます。

　イメージする力の育ちとともに「見立てる・つもり」の遊びが始まります。最初は一人で身近なものを何かに見立てた言動が多いのですが，象徴機能の発達によって，経験した出来事と新しいイメージとを重ね，簡単なストーリーをつくって相手とその行為を楽しむようになります。他者とのやり取りは，やがてものを介した「ごっこ遊び」へとつながっていきます。

参考文献

小山朝子編著『講義で学ぶ乳児保育』わかば社，2019.

寺見陽子「0・1・2歳児の学びの芽を読み取る」保育とカリキュラム　5月，6月，ひかりのくに，2023.

長瀬美子『乳児期の発達と生活・あそび』ひとなる書房，2014.

第8章 自我の芽生えと発達
―2歳～3歳の頃―

　2歳児クラスの担任となった時，保育者（本章では，保育士・保育教諭を
いう）としてどのようなことを大切にしたいのか，本章を通して考えたい。

　2歳頃になると，運動能力の発達，言葉の発達とともに自我が芽吹き，
自分でやりたいこと，できることが増えてくる。一方，手先の巧緻性は
未熟で，話し言葉も不十分なため自分の気持ちを十分表現することは難
しく，時に噛みつきが生じることもある。しかし，集団の中で気持ちの
ぶつかり合いを経験し，信頼する大人に受け止められることで，かけが
えのない自分の存在に子どもは気付けるのである。その結果，気持ちが
安定し，行動主体としての自我が充実する。

事例8－1　自分の思い通りにしたい

　2歳になったL児，何でも自分でやろうと意欲的，でもうまくいかなくてイライラする繰り
返しの日々である。給食の時間，それまで機嫌よく食べていたL児だが，最後に残ったおかず
のがんもどきを険しい顔でじっと見ている。

　保育者が「Lちゃん，がんもどき食べよっか，おいしいよ」と声を掛けると，「いやや～」
と急に大泣きが始まった。真っ赤な顔でもうひっくり返って泣かんばかりの勢いである。L児
はがんもどきは嫌いではないはずだと知っている保育者は，「今日は食べたくないのかな？」
と尋ねるが，L児は泣きっぱなし。しばらくその様子を見ていた保育者は，「あ，わかった，
Lちゃん，もしかしてこれ大きすぎるの？」と尋ねると，L児は泣きながらうなずいた。「そ
っか，ちょっと食べにくい感じがしたんだね，じゃあ小さく切ってみよう」とフォークで分け
て「はい，これでどう？」とフォークを渡すと食べ始めたL児だった。

　2歳を超えると自分の思いが明確になってくる。保育者が子どもの気持ちを
代弁して話すと，落ち着きを取り戻し，自分を発揮していくことができる。第
8章では，2歳から3歳の発達的特性と自我の芽生えについて理解を深める。

1 2歳〜3歳児の発達とその特性

（1） 2歳児前半の子どもの姿

　2歳頃になると，子どもは歩行が安定し，徐々に基本的な身のこなしが発達する。また，生理的機能も整い，排泄の自立に向け排泄の予告をするようになる。こうしたことにより，自分の周辺への興味・関心が高まるとともに行動範囲が広がり，一層活発な探索活動を行うようになる。その結果，子どもは自分と自分の周りのひと，もの，こと（状況）について理解を深め，子どもなりにではあるが，自分の欲求や意思を言葉で表現できるようにもなり，自我の育ちの表れとして強く自己主張する姿が見られる。興味・関心のある身の回りの出来事等を遊びとして模倣し，こうした遊びを保育者と一緒に繰り返すことで，子どもは物事における共通性を見いだせるようになる。このことが子どもの認知の発達を促進する。

　このように2歳前半頃になると，生理的機能の成熟，運動能力，話し言葉の発達が相まって生活行動が習得され，保育者等の援助を受けながら自分でしようとする姿がみられようになる。

（2） 2歳後半の子どもの姿

　2歳児後半になると，身のこなしは洗練されピタッと静止できるようになる。さらに，お手本があると静止したままで両手を上げたり，片足を上げたりといった上肢・下肢の動きにさらに一つコントロールを加える姿勢がとれるようになる等，徐々に動きのコントロールが可能になっていく。

　語彙が急速に増加するとともに，物事の因果関係や対象との関係性に気付き始め，象徴機能（次頁参照）の発達により，見立て遊びから「乾杯ごっこ」や「お出かけごっこ」といった簡単なごっこ遊びを保育者とやり取りをしながら楽しめるようになる。他者を意識しながらも自己主張が目立った2歳の前半と比べると，クラスの子どもの存在を意識し，保育者に促されながら「貸して」「いいよ」といったやり取りが交わされるようになる。

（3） 2歳〜3歳の頃の発達課題

　2歳から3歳へ向かう時期の発達課題は，人との関わりの中で自分と自分の周りへのひと，もの，こと（状況）への理解を深め，自分の気持ちを子どもなりに言葉で表現できること，つまり自己主張ができるようになることである。

この過程において，自分でやってみたいという気持ち，すなわち自立心が芽吹いていることも大切である。その上で，子どもなりに保育者やクラスの子どもと人間関係を築けたり，関わったりする力を育むことが発達上の課題としてあげられる。

2　表象・象徴機能の芽生え

（1）表象・象徴機能

　心の発達は，「まわりの世界とより深く，より広くかかわっていくこと（関係性の発達）」と「まわりの世界をより深く，より広く知っていくこと（認識の発達）」である[1]。つまり，自分の力で世界を知ることである。換言すると，物事の関係性がわかり，その真意や本質を正しく判断できるようになることである。そのためには，まず周りの世界と関わり，知識や記憶を用いて思考を働かせ，関係性を理解する必要がある。関係性の理解は，発達のごく初期からみられるが，表象・象徴機能を獲得することによって，子どもの理解はさらに促され，心の世界が広がっていく。

　表象とは，re-presentationといわれるように目の前にない事物について心の中で思い浮かべる心的機能である。象徴機能は，目に見えているものをそのものとして扱うのではなく，他のものに見立てて扱う能力である。乳幼児のまねっこ遊びやごっこ遊び，人の精神機能の根幹をなす思考や言語活動は，この表象・象徴機能によって支えられている。

（2）象徴機能の発達

　象徴機能の概念を提唱したピアジェは，子どもの心理的発達過程を感覚運動的知能の時期と象徴的思考の時期に大別している（p.20参照）。感覚運動的知能の時期は，子どもが感覚と運動能力を用いて目前の環境に直接働き掛けることで，感覚運動的シェマ（第2章 側注3，p.20参照）を形成する。「今，ここで」の制約はあるが，既存のシェマを組み合わせ修正することによって外界に適応する段階でもあり，生後約2年間が該当する。そして，2歳後半になると，表象を用いて外界を理解する力を発達させ，シンボルを用いた表象的思考の段階へ向かっての移行が始まる。

　象徴機能の発達をピアジェは能記と所記の分化によって説明した。

　"言葉"は，一種の記号表現であり，能記にあたる。そして，能記としての記号表現（言葉）が異なっていても，事物の共通するイメージや概念が理解を

能記（記号表現）：赤ちゃん	能記（記号表現）：baby

所記	
小さい	tiny
やわらかい	soft
ばぶばぶ…	babbling

図 8 − 1　所記と能記

注）所記（記号内容≒表象　イメージ　概念），能記（記号表現）
　出典）ソシュール，F.，小林英夫訳『一般言語学講義』岩波書店，1972 を基に著者作成

促進する（図 8 − 1）。

　発達の初期では感覚と姿勢・運動機能を用いた感覚運動的シェマを基に外界を探索し，外の世界を自分の中に取り込んでいく。その過程で子どもが経験を通して感じたことが子どもなりの対象への意味付けとなり，日常の中で繰り返すことにより，対象に対する子どもなりのイメージが形成される。例えば，玄関のドアが開く音がすると，誕生前後の子どもはこれまでの経験から，この音がすると「大好きなお父さんが入ってくる」とか「お出かけだ」といったイメージが漠然とした表象として子どもの心に浮かぶ。まだ言葉が話せていなくとも，子どもの行動をみているとその子なりの「つもり」が見て取れる。やがて1歳半を過ぎると，子どもの伝えたい思いを一つの記号に象徴化した言葉，一語文が聞かれるようになる。子どもの想いが込められた一語文には，単語ではあるが大人を動かす力をもっている。

　このように象徴機能は，自分の言ったことに意味をもたせ，自分と他者との間で接点を見つけ関係性を築いていく上で欠かせない機能だといえよう。そして，象徴機能が芽吹くとされる2歳後半を迎える頃になると，子どもの人間関係のあり方にも変化がみられる。

（3）象徴機能の発達に伴う2歳児の発達的変化

　2歳の前半では，自分の思いを汲んでくれる大人とは楽しくやり取りができても，子ども同士のやり取りは難しい。自分の遊びが阻害されたり，自分のつもりが他の子どもと違っていたりすると，大声を出したり，叩いたり，時に噛みついたりと一方的に感情をぶつけたり，自分の気持ちが上手く伝えられず泣き出すことが多くみられる。しかし，保育者が状況に応じて「○○ちゃんはこれがよかったのね」というように，子どもの気持ちや要求を共感的に言語化して意味を付け直し，その子の行動の背後にある思いが受け止められていると実感できる経験を重ねることで子どもの心は安定していく。2歳後半頃になると，信頼できる人間関係のもとで，自分なりに意図や要求を主張したり，反対

に相手の意図や要求も受け入れたりすることができ始める。

　このように保育者に支えられながら，遊びを中心とする日常生活の中で主体的に人やものと関わることにより，子どもは自分の思いや相手の思いに気付くようになる。こうした経験を重ねながら，コミュニケーション能力や感情をコントロールする力が高まり，子どもなりの社会性が育つ。それと同時に子どもは自分の力で世界を知り，「自分はどうしたいか」という子どもなりの判断基準としての自我形成が進む。このようなしなやかな自我が形成されるには，象徴機能として言葉が発達し，言葉を介して物事の因果関係や対象との関係性に気付くこと，自他の区別が明確になることが不可欠である。

3　自我の芽生えと発達

（1）パーソナリティ "わたし" の基盤

　パーソナリティの中核概念は，自我（ego）と自己（self）である。自我は感じ，考え，行動する主体を意味する。自己は，主体としての自我によって意識され，経験された自分であり，自分であるという感覚や自分についての認識のことである。この自己は他者の存在を手掛かりに表象（言葉）によって形成される。

　フロイトは，自我について，エス（es）と自我（ego），超自我（super-ego）の三層構造で説明した。フロイトによれば，自我の基底には，生きるための快楽原理に従う無意識的で本能的，衝動的なエスがある（図8－2）。エスはリビ

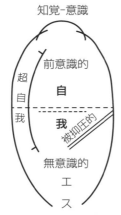

図8－2　人格の構造関係

出典）フロイト, S., 古沢平作訳『改訂版 フロイド選集 3
　　　続精神分析入門』日本教文社，1969，p.118.

ドーというエネルギーで突き動かされており，このエスから自我，超自我は形成される。自我はエスの本能，衝動を抑圧し，現実場面に適応できるように働き，超自我は，幼少時代に保護者をはじめとする周囲の大人との関係を通して形成され，自我とエスの両方を統制する役割をもつ。フロイトは，このエスから自我・超自我が形成される過程が人間の精神の発達であるとした。

　本能的で，衝動的な乳幼児の行動は，リビドーに突き動かされたエスによる行動そのものである。しかし，やがて保護者や保育者をはじめとする周囲の大人とのやり取りを介して，自分の周囲に適合した行動を社会スキルとして習得するようになり，現実に適応していく自我が形成される。この自我の現実適応に向けた判断とエスの衝動的な行動を統制し検閲する超自我は，発達の初期にはしつけとして大人とのやり取りを介して形成される。その過程で人に対する思いやり，共感性をベースにする人の認知，良心，道徳，といった行動基準が内在化される。行動基準が内在化されることによって子どもは，自分で自分の言動をコントロールし，社会的行動がとれるようになる。

　幼児期に子どもが自分についてどのように理解し，社会性を身に付けるか，このプロセスがパーソナリティの根幹をなし，その後の自我の形成に影響を与える。

（2）自己認識の発達過程

1）身体的自我

　身体内部から生じる感覚的経験を通して最初に形成される自己を身体的自己という。例としては，出生直後の母子の絆としての啼泣（ていきゅう）に応じての授乳から生じる快感情，生後2，3か月頃みられるハンドリガード*1や指吸い，空腹，渇き，筋肉の緊張（例えば自分の足を自分で蹴る等）がある。また子どもは自分の体を触ることで，「触る感覚」と「触られる感覚」を同時に感じる体験をする。この体験を重ねることで，自分の体を触る時と他の人やものに触る時とでは，感じが違うことに気付き，自分と他の人やものは別であることを経験的に感じる。さらに，手足を動かしても自分は変わらないことにも気が付き，自分は自分であるという一貫性を感じるようになる。また，ハンドリガードを繰り返し行うことで，自分の体とそれ以外のものとの境界に気付く。このように身体を通して体験される感覚として意識される自己も身体的自己である（図8－3）。しかし，この時点では鏡に映った自分をみても自分とは認識できず，客観的に自己をとらえられていない。

*1　ハンドリガード：生後2，3か月の乳児が自分の手を目の前にかざしてじっと見つめる行為。

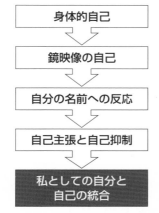

図8－3　自己認識の発達過程

2）第一次反抗期

　1歳半から2歳頃になると，鏡の中の自分を自分として認知し，自己の存在を客観的にとらえることができるようになる。また，1歳頃には，特定の言葉を自分への呼び掛け，あるいは自分と関係のあるものとして理解し，名前を呼ばれたら，反応するようになる。さらに，鏡に映った自分を自分だと認知できる頃には，自分のことを名前で呼ぶようになる。名前は自己と他者との区別を明確にするため，自分の名前を手掛かりに状況や時間を超えて存在する自己をとらえることができるようになる。その結果，2歳前後になると，自分の名前だけに返事をし，はっきり自分の名前をいって「○○ちゃんが…（したい）」「○○ちゃんの…（もの）」と欲求や所有を主張する姿が見られる。こうした姿の背景には，象徴機能の発達によって言葉で自分を表現することができるようになるとともに他者との関わりを通して自己を意識するようになるという発達的機序がある。そして行動主体として子どもの自己意識が高まるにつれ，自己主張が強まり，地団駄を踏んで癇癪（かんしゃく）を起こすといった情動表出の激しさや「イヤー」といって梃子（てこ）でも動かない頑（かたく）なな態度をとるようになる。いわゆる第一次反抗期特有の姿を見せるようになり，大人を戸惑わせる。しかし，衝突しながらも気持ちを受け止めてもらったり，対話を介して混乱した気持ちを一緒に整理してもらったりと保育者や保護者に情緒的に支えてもらうことで，子どもは言葉にできなかった自分の気持ちがわかり，落ち着きを取り戻す。このような経験を重ねながら自己主張と自己抑制のバランスがとれるようになる。

3）わたし，ぼく，あなたの理解

　自分をコントロールする力を身に付け始める幼児期中期頃より自分の名前と

併用しながら「わたし」「ぼく」「あなと」いった言葉が使われるようになる。

名前は，自分が呼んでも，他人から呼ばれても「○○ちゃん」であり，同じである。しかし，「わたし（ぼく）」は自分が呼ぶ時の自分であり，「あなた（きみ）」は他人から呼ばれる時の自分のことである。これらの言葉がわかって使えるということは，「自分が話している時（だから，しっかり話す）」や「相手が自分に話している時（だから，しっかり聴く）」というように状況に応じて気持ちが切り替えられるだけでなく，他者の視点を取り込みながら自己概念の形成が進み，たとえ呼び名は変わっても「自分は自分である」という感覚が生じている証である。そして，関係性の理解に基づく言葉の使用により，自分と相手との違い，自己の社会的な立場，それに伴う社会的性格を認識し，「ぼくは年長さんで一番お兄さん（社会的立場）だから，小さい子には優しく（社会的性格）するんだ」というように，自分で自分のあり方を決めるようになる。こうした行動を周囲の大人に言葉で認められ，「これでよかった」と子ども本人が再認することで自分に対する信頼と自信が高まっていく。小学校入学頃になると，行動主体としての自我と自己の統合が深まり，「わたし」の基盤が整うのである。

4）自己同一性

しかし，児童期以降，特に思春期頃になると，ものの考え方が抽象的，概念的になり「自分とは何か」「生きるとはどういうことか」について真剣に考えたり，悩んだりする。心と体の成長の速度にアンバランスが生じやすく，心身ともに不安定な状態になりやすい。この不安定さをエリクソンは「自己同一性（アイデンティティ）」の危機と考えた（p.18〜参照）。自己同一性とは「自分は何者か」という社会的な位置付けについての感覚や「自分は自分である」という一貫性を指すこともある。思春期以前の子どもは，保護者や家族をよりどころとして安定した自己同一性を保つことができるが，思春期になると自分なりの自己同一性を言葉を基に思考し，新たに築くことになる。

（3）健やかな自我を育む保育者の関わり

遊びを中心とする日常生活が学びの場でもあり，実体験の繰り返しに伴う感覚や感情が子どもの生活の知恵を形成していく。その時の子どもの感覚や感情を大人がどのように意味付けし，子どもと共有するかが，この時期の子どもの関係性の発達ならびに行動基準の形成に影響する（図8-4）。

この点を踏まえ，保育者は，子どもの興味・関心を持続できるように子どもに働き掛け，子どもが実体験で得た生活の知恵に保育者のもつ正確な知識が加

図8－4　幼い子どもの学びの特徴と保育者の関わり

わることで根拠のある学びにつながるようにしたい。子どもの言葉にならない思いに共感し，一緒に考えながら言語化したり，対話したりすることは，子どもの想像力や思考力，創造力を育むことにつながる。また，子どもの興味・関心，何に躓（つまづ）いているか，子どもが遊びの中でどのような経験をしているか，を読み取り，新しい経験や関係を通じて子どもが自己の理解や能力を拡大できるよう援助することが保育者には求められる。そのためには，子どもの気持ちに寄り添った応答的な関わりだけでなく，子どもに対する保育者の気付きと想像力も大切といえるだろう。

●参考文献

ピアジェ，J., 波多野完治・滝沢武久訳『知能の心理学』みすず書房，1967.

ピアジェ，J., 大伴 茂訳『遊びの心理学』黎明書房，1988.

コラム　　　　2歳児のおもいを受け止めて

　2歳児というと，よく動き，よく喋っている姿が思い浮かびます。ただし，何を言っているかわからないことも少なくなく，「イヤー！○△％＃…」という強烈な自己主張が目立ちます。この時期は一般に第一次反抗期といわれます。例えば，大人の助けが必要となる場面でも自分でやりたがり大人の援助を拒否したり，大人の指示に従わずあえて真反対のことをしたり…と大人に対して自分の意志を一方的に主張するのです。しかし，見方を変えると，子どもの中でその子なりの「これが好き」といった自分の思いが芽生え，それが上手く大人に伝わっていないだけだともいえます。

　この頃，歩行をはじめとした運動能力の発達に伴い，思うように動かせるようになった手足を駆使して活発に外界を探索・探究すること姿がよく見られます。そして遊びを中心とした日常生活での経験を通して，子どもなりに知っていること，できること，言葉で伝えられることが増え，子どもは自分の生活に興味をもつようになります。その結果，何でも自分でやりたがり，その子なりの得意なことや思うようにできることをする時には，「○○が（する）」「みてみて」といった言葉が周囲の大人に向けられるようになります。

　しかしながら，現実には言葉は未熟で自分の気持ちをうまく表現できず，手指の巧緻性の発達はまだまだ未熟なため失敗も多く，周囲の大人から行動を規制されたり，指示されたりすることが増えます。その結果，子どもには，これまで自分の欲求を満たしてくれる心地よい存在であった周りの大人が，自分がしようとすることを邪魔する存在となってきます。それが大人には反抗的に見えるのです。大人との関係の中で経験される，自分で自分の気持ちに折り合いを付けることや，要求が通らずどうにもならないことがあること，いわゆる仕方がないことがある経験をすることは，しなやかな自我を育む上で大切です。また，そうした中で，大人から認められたり，褒められたり，時には叱られたりする経験を通して，人とは共生関係にあり自分と他者は異なるという自他を分化させる発達的な意味をもっています。

　どのような自分であってもその気持ちを一緒に受け止めてくれる，信頼できる大人の存在は重要です。子どもは，気持ちが受け止められることによって，自分はかけがえのない存在として大切にされている実感をもつからです。

　保育者は，「自分を認め受け止めてほしい」という子どもの要求にはできるだけ応じたいものです。そして，子どもの言葉にできない思いを受け止め，言語化して代弁する関わりが大切です。こうした周囲とのやり取りや対話を介して，自分と異なる他者を受け入れられるようになることは，幼い子の自我の充実につながります。

参考文献

Mahler, M.S., Pine, F. & Bergman, A., *The psychological birth of the human infant*, Basic Books, 1975.

第9章 内面世界の芽生えと発達
― 3歳の頃 ―

　自分でできることが増えてくる3歳児は，誰かの役に立つべく力を発揮しようとする時期である。自分の言動が事実と合っているかを点検しないからこそ，自分への自信があふれる「イッチョマエ」な姿がみられる。経験に基づいて，身近なものごとの因果関係や法則を理解し始め，「なんで？」「どうして？」と自分なりに考え始める。また，言葉を使ってイメージを他者に伝え，友だちと一緒のことをして遊ぶのが楽しくなってくる時期である。

事例9－1　友だちと一緒に楽しむ

　3歳児のM児とN児がパズルをしている。M児は車のパズル，N児は動物のパズルである。二人とも，お互いのパズルを見ては，また自分のパズルに戻り，M児は右手と左手に車のピースをもって何やら車を走らせ，N児は，ウサギのピースをもって飛び跳ねさせている。保育者（幼稚園教諭・保育士・保育教諭をいう）はその様子を見守りながら，「Mちゃんは救急隊で，Nちゃんは動物園みたいだね」と，その様子から感じ取った保育者のイメージを声掛けする。その隣のままごとのコーナーではO児とP児が人形を抱いて着せ替えをしたり寝かし付けたりしている。

　3歳の頃は，同じ遊びを一緒にして楽しむ。お互いの遊びに関心をもちながらも，場を共有していることがうれしく，一緒にするというよりも，それぞれ自分の遊びの世界に入り込んで遊ぶ。保育者がそばで見守り，それぞれの遊びとお互いの存在への関心を広げていく関わりが大切になる。

　第9章では，3歳前後の発達の姿と，この期の発達の中核となる心の芽生え・内面世界の始まりについて理解を深める。

1 3歳の頃の発達とその特性

　就学前施設（幼稚園・保育園・認定こども園をいう）にお邪魔すると，子どもたちは様々な出迎え方をしてくれる。特に3歳児たちは，自分が作った物や遊んでいたおもちゃを持ってきては「見て！」「いま粘土してる」と教えてくれたり，「手，洗ってきた」と手を広げて見せてくれる。一人と話していると，ぼくもわたしもと次々に自分のことを紹介してくれる。自分が知っていることをきっかけにして，初対面の人物にも臆することなく関わろうとするのが3歳児である。以下のエピソードは，筆者が初めて訪れた幼稚園での出来事である。

事例9－2　しってる！

　筆者がどんな人物なのか探るように近付いてきた3歳児のA児。筆者が身に着けていた腕時計を見つけると「しってる！」と言って文字盤をのぞきこむ。自分が見やすいように筆者の腕を引っ張ってねじるので，筆者は少しよろけそうになりながらも，A児が見やすいように体の向きを変えてやる。そんなことはお構いなしに，A児は文字盤をじっと見て「"いち"がある…」と指さしている。

　A児はまだ時計を見て時刻がわかるわけではない。しかし，自分にとって身近に感じられる腕時計を見つけ，「きっと自分にはわかるぞ」と言わんばかりに時計を見つめる真剣な表情には，自信や誇りに溢れる3歳児の姿がよく表れているように感じられる。

（1）「できる自分」を発揮する

　このような自信たっぷりな3歳児の様子について，神田は2歳児との違いを次のように説明している。

　「三歳児は，自信の高まりのピークの時期です。二歳児とちがうのは，自分の身のまわりのことができるだけでは，もはや自分の誇りを十分に発揮したことにはならないことです。さらにその上を行くために，大人と同じようにふるまえて，人の役にも立てる自分を誇示したくなります。二歳児ならば，『ホックがはめられるようになったんだってね，やって見せて！』と言えば，自身満々でホックをはめて見せてくれました。しかし，三歳児にとってはそんなことはあたりまえ。だから，やって見せてはくれません。そのかわり自分で着替えをしないくせに，『やってあげる』と，お友だちの着替えを手伝おうとします。大人から見れば『人のことはいいから自分のことをやりなさい』と言いたくなる場面です」[1]

1)　神田英雄『3歳から6歳—保育・子育てと発達研究をむすぶ〔幼児編〕』ちいさいなかま社, 2004, pp.17-18.

図9－1　おてつだいできる

　3歳頃には身辺自立も進み，自分でごはんを食べたり，衣服を着替えたり，自らトイレに行くようにもなる。園生活においても，一日の流れがわかり，率先して友だちや保育者のお手伝いをしてくれることもある。

　図9－1は，ごはんの準備を手伝う3歳児の様子である。キッチンの作業台はまだ3歳頃の子どもには高く，大人が見守っていなければ危なっかしい場面もあるだろう。けがをするといけないから，大人がやった方が早いからと手を出してしまいたくなる場面だが，3歳の頃は一つ一つ自分で考えて行動することが自信につながる時期であり，その自信が次の行動の原動力となる。写真の子どもの真剣な目には「きっとできるぞ」という自信が満ち溢れているように感じられ，一見するととても頼もしくなってきたと思われる時期である。

（2）「イッチョマエ」な3歳児

　しかし，自信たっぷりな様子に反して，実際にはまだ一人でなんでもできるわけではない。主観的には一人前だけれど，客観的にはまだ半人前で，自分が思うほどは力が及ばない3歳児の特徴を，神田は「イッチョマエ」という言葉で表現している[2]。

　自分の行動を振り返り，「きちんとできたかな？」と点検することはしない。そのため，自分で服を選んで着ると言って前後を反対向きに着てしまっていたり，料理のお手伝いをしようとして汚してしまったり，大人から見れば決して「きちんと」できていないこともしばしばある。しかし，そのような正確な点検がないからこそ，疑いなく「自分ってすごい！」と思えるのだともいえる。

　人格の核には「根拠はないけれどボクはすごい」「理由はないけどボクってまんざらでもないでしょ？」と感じる気持ちが必要である[3]。長い人生の中で，ときに困難な壁に当たるときにも，「自分はきっとできる」と信じられることが支えになるだろう。そのような気持ちの原点が3歳児の「イッチョマエ」の姿なのである。

[2]　1）と同じ, p.1.

[3]　神田英雄『はじめての子育て 育ちのきほん―0歳から6歳』ひとなる書房, 2008, p.57.

（3） 3歳児の発達課題

2歳代の「イヤイヤ期」もピークを過ぎて，3歳頃には充実した自我をもって「自分はできるぞ」という気持ちをふくらませていく。気持ちが受け止められ，共感されることを通して，3歳児は自分と同じように相手にもその人なりの思いがあることに気付き始める。自分の思いと相手の思いがずれた時にも，「あと，いっかい（で交替する）」「また，こんど」と言葉を用いて気持ちに折り合いをつけるようになっていく時期である。

② 内的世界の芽生えと思考の始まり

3歳頃は，ピアジェの発生的認識論でいう前操作期にあたる（第2章，表2－6，p.20参照）。目の前で直接見たり聞いたりした「もの」に直接働き掛けることで外界を認識する感覚—感覚運動期から，表象が出現し，目に見えない様々な事柄について，自分なりに思いを巡らせる時期である。描画活動では閉じた円等の基本的な図形が描けるようになり，自分の描いたものを何かに見立てたり命名したりするようになる。また，ごっこ遊びにおいても，ある場面での道具の使い方（例：ペンを「歯ブラシ」に見立てて使う）を理解していることや[4]，他者のふるまい方の違いに応じて自分の行動を調整すること[5]等が知られており，「この場面ではこのようにふるまう」という場面ごとの行動ルールを理解し始める時期である。生活の中でも「積木はここに，絵本はあっちに片付ける」というように，決められたルールに基づいて行動することができるようになる。このように，3歳頃には，身近な事象の因果関係や法則に気付き，自分で考えようとする姿が見られ始める。

4) Wyman, E., Rakoczy, H., & Tomasello, M., Normativity and context in young children's pretend play, *Cognitive Development*, 24, 2009, pp. 146-155.

5) 大塚穂波「1〜3歳児におけるふり遊びに用いられる人形に対する認識」湊川短期大学紀要，56，2020，pp.25-30.

6) ソニー教育財団「ソニー幼児教育支援プログラム『科学する心を育てる』実践事例集」vol.10，2013，p.31.

事例9－3　チクチクしてるのって？[6]

各クラスで夏野菜を植えることになり，3歳児はキュウリ，トマト，ナスを担当することになった。3歳児なりに世話をしてきたことで，紫の花に興味をもったり，水やりを日々頑張ったりし，収穫を迎えた。「見てみて！こんなに大っきい！」と喜びながらナスをくるくる回して見ていると，「ここ，チクチクして痛いで」とへたの部分を指さして言う。「何でこんなにチクチクなんやろ…」と他のナスも見比べる。他のナスが虫に食べられているのを見て「あ！穴空いてる！虫さんに食べられたんや！」「こっちは食べられてないな」「チクチクしてんのって，虫さんに食べられたくないからちゃう？」「うん，チクチクしてたら虫さん痛くて食べられへんもんな」という会話が聞かれる。

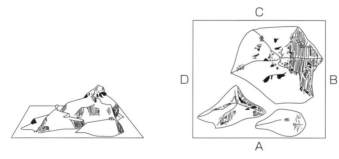

図9－2　ピアジェの三つ山問題

出典）Piaget, J. & Inhelder, B., *The child's concept of space*,
Routledge & Kagan Paul, 1956.

（1）自分なりに考える

　事例9－3においても，自分たちが考えたことが客観的に見て正しいかどうかを点検するところまでには至っていない。しかし，穴の空いているナスと空いていないナスを比較しながら，自分たちにとって納得のいく結論を導き出している。

　ピアジェは，前操作期の特徴を「自己中心性」と呼んでいる。自己中心性とは，他者の視点に立って考えることがまだ難しく，自分の視点に基づいて判断する傾向のことをいう。この傾向について調べる課題に，図9－2のような模型を用いた三つ山問題がある。子どもをAの位置に座らせた上で，B～Dのそれぞれの位置から模型を見るとどのように見えるか，模型を様々な角度から描いた絵の中から選んでもらう。前操作期の子どもは，異なる側面からの視点を正しく答えることができず，自分の位置からどう見えるかを答えてしまう。

　ピアジェ以降，自己中心性は前操作期の子どもの「未熟さ」として考えられてきた。しかし，この時期に重要なのは客観的に誰が見ても正しいことではなく，自分の力で考えたり確かめたりしながら，発見する喜びを感じられる経験を重ねることである。事例9－3では，その場にいない虫にまで想像を広げながら，自分たちなりに因果関係を見出す姿に，3歳児の内面世界の充実をみてとることができる。

（2）それぞれにイメージを広げて遊ぶ

　子どもたちのイメージが膨らんでくるにつれて，ごっこ遊びもより一層盛んになり，様々な方向へ展開していく。イメージを友だちと共有して遊ぶことも増えてくる。河崎は，遠足で見たライオンから子どもたちがそれぞれに遊びを展開させていく様子を紹介している[7]。ライオンになりきる男の子たちや保育

7）河崎道夫『ごっこ遊び―自然・自我・保育実践』ひとなる書房，2015.

者と一緒にライオンが食べる「お肉」づくりに参加する女の子たち等，それまであまり関わりのなかった子どもたちが遊びに参加していく。ただし，4，5歳児のように，明確に共通のイメージを維持しながら遊ぶわけではない。赤ちゃんライオンになったり，強そうなライオンの戦闘モードから「ウルトラマン」や「プリキュア」になりきる遊びに変化したりと，同じ場にいながらも，それぞれの子どもが自由にイメージを展開して楽しむところが3歳児ならではの姿だといえる。

事例9－4　じゃんけん列車

「とんぼのめがね」の歌に合わせてとんぼになりきって飛んでみたり，みんなで同じことをして遊ぶのが楽しくなってきた3歳児。少し前から「じゃんけん列車」*1 をして遊んでいる。はじめは二人組でじゃんけんをして，列車がどんどん長くなっていく。ルールを理解してみんなで長い列車になるのを楽しむ子もいれば，とにかくじゃんけんが楽しくていろいろな子とじゃんけんをしたがる子，列車になるのが面白く，誰かのうしろにくっつこうとする子，音楽に合わせて身体を動かして楽しむ子等，その場の雰囲気を各々に楽しんでいる。

*1 「かもつれっしゃ」の歌に合わせて列車になりきって遊ぶ。歌の最後「ガッチャン」のところで近くの友だちとじゃんけんをする。負けた子どもは勝った子どもの後ろに回り，肩を持ってつながる。次も同様に，先頭の子ども同士がじゃんけんをして，負けた側が勝った側の後ろに連結する。これを繰り返して，最後はみんなで一つの長い列車になっていく遊びである。

　このエピソードに登場する3歳児たちも，互いに話し合ったり，ルールを確認したりして明確なイメージを共有しているというわけではない。しかし，同じ空間でそれぞれのイメージや興味を広げていきながら，全体としてみんなで遊んでいる雰囲気が成り立っている。一見それぞれが別の動きをしているようで，みんなで「じゃんけん列車」を楽しんでいるのである。

　必ずしもみんなが全く同じ行動をしなくとも，互いの存在を近くに感じながら，なんとなくつながっている感覚を共有するのが，3歳児の集団遊びの特徴の一つといえるだろう。友だちどうしでイメージがつながったり離れたりしながら，一人一人の遊びが充実していくのだと考えられる。

3 語彙の拡大と言葉によるコミュニケーションの始まり

　内的世界の広がりとともに，3歳以降，言葉を使って自分の思いを他者に伝えることも増えてくる。子どもは1歳頃に初語を出現させて以降，発話できる語彙が50語を超えたあたりから，急速に語彙を獲得していく。この現象はボキャブラリースパート（語彙爆発）と呼ばれ，まずは名詞を多く獲得していくが，語彙が200語を超えてくると動詞も増加する。3歳頃にはおおよそ500～1000語ほどの語彙を獲得し，2つ以上の語をつなげて発話する二語文（例「ワンワン

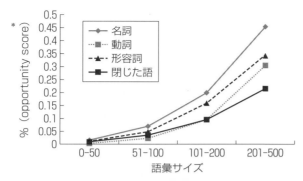

図9－3　語彙サイズと語の構成

注)　＊　語彙サイズごとのそれぞれの語類（名詞，動詞，形
　　　　容詞，閉じた語）の出現率を表す（著者加筆）。
出典）小椋たみ子「日本の子どもの初期の語彙発達」言語研究，
　　　132，2007，pp.29-53.

イタ」）や多語文（例「○○チャン　ジュース　ノム」）を発するようにもなってく
る（図9－3）。

　語彙の拡大と前節でみた因果関係に着目する思考力が合わさると，身近な事
象について自分なりに考えたことを「だって……だから」と言葉で表現するこ
とができる。田中は，担任の保育者がつくった素話に登場する「ねずみのちゅ
うたろう」というキャラクターの存在を楽しむ3歳児の様子を紹介している[8]。

　子どもたちが特に楽しみにしていたのは，「ちゅうたろうが保育園のいろい
ろなところから，子どもたちの様子を見ている」という話であったという。夏
のある日，担任が「ちゅうたろうがクモの巣にからまりながらも，狭い穴を通
り抜け，子どもたちがプールで水遊びをしている様子を見ている」という話を
したことから，Y児が「（園庭の）すのこのところ，ちゅうたろうの家とつな
がっているかも…」と言いだす。担任が理由を尋ねると，「だって，今日の朝
見たときに穴があいていて，クモの巣とかあったもんね」と答える。

　Y児は，保育者の話と，実際に見た穴やクモの巣とを結び付け，ちゅうたろ
うの存在を根拠として言葉で保育者に説明している。その後も，土に水滴が落
ちた跡を見つけてちゅうたろうの足跡だと考える子どもや，木の葉っぱが揺れ
ているのを見てちゅうたろうを本当に見たと言う子どもが出てきて，みんなで
ちゅうたろうを探しに行く。ここでもまた，それぞれの子どもが思い思いにイ
メージを広げていることがわかる。

　様々な事象に対して「なんで？」「どうして？」と理由や原因を問うたり考
えたりするようになるこの時期は「なぜなぜ期」とも呼ばれ，事例9－3にあ
るように，自分たちで「どうして？」を話し合って納得することもあれば，保
育者に疑問をぶつけてくることもある。例えば，お散歩の途中，道端に咲いて

8)　田中浩司「子ども
たちの想像世界を広げ
た午睡前の素話」ちい
さいなかま，735号，2023，
pp.86-91.

いる草花を見つけた子どもに「どうしてお花が咲いているの？」と聞かれたら，どのように答えるだろうか。「お花の種が飛んできたんだね」と答えても，「なんで種が飛んできたの？」と，なぜ，どうして，をさらに重ねてくるかもしれない。繰り返される「なんで？」に向き合うためには，その子がどのような発見をして，どのようなことに興味をもったのかを丁寧に読みとり，共感し，保育者も一緒になってなぜ，どうして，と考えることを楽しむ態度が重要であるだろう。

「だって…だから」と，ものごとの因果関係について言葉で考えられるようになることで，主張の仕方にも変化がみられる。2歳頃の「イヤイヤ期」のような単純な拒絶とは異なり，3歳児になると，その子なりの理由を言葉で説明するようになる。

中西は，3歳児が様々な場面で言葉を用いて自分の思いを伝え合う様子を紹介している[9]。例えばフープを片付ける場面で誰が持つかについてけんかが起こった場面では，「じゅんばん，はよかわったげなあかんのに」「じぶんばっかりだめー」等，ルールや自分なりに考えた理由をもとに主張する子どもが出てくる。『ノンタン　ぶらんこのせて』の絵本でノンタンがぶらんこをかわらない場面を思い出し，「ノンタンみたいやで」と言い出す子もいる。自分の知識と結び付けて理解しようとする姿だといえる。

また，グループの名前を決める場面でも意見が割れ，「りんごがいい」「いちごがいい」「いちごはすっぱいからいやや」と言い合いになる。保育者が間に入り，互いの言い分を順番に聞いていく。りんごがいいというB児に「いちごやったらあかんか」と聞くと，少し考えて「園のいちごはいややけど，おうちのいちごやったらいいわ」と答える。「園のいちごとおうちのいちごはどうちがうの」とさらに尋ねると，「おうちのいちごはあまいの」と言う。そこで，保育者が「おうちのいちごにしたらどうかな」と提案すると，B児は「そうする」とすんなり受け止め，いちごグループに決定する。

大人からすると，園のいちごとおうちのいちごの何が違うのかは理解しがたい。あまいいちごならグループ名として受け入れられるというのも，論理的な答えになっているとはいえないかもしれない。しかし，保育者からの問い掛けに対して子どもなりに理由を考え，自分の思いを主張しようとする姿として，このような子どもの発話は丁寧に受け止めたいものである。

内的世界が充実し，子ども一人一人のイメージが明確になってくるのにともなって，「こうしたい」という思いも強まり，それが互いの思いのぶつかり合いにもつながる。「いちごはすっぱいからいやや」と，子どもなりにしっかりと気持ちを主張している。その中で，B児は「おうちのいちごならあまいから

9) 大橋喜美子編著『事例でわかる保育と心理』（中西京子「事例⑦自分の気持ちを出すとき」）朱鷺書房，2002，pp.78-81.

いい」という理由で譲っている。友だちとの思いのずれに対して，拒絶したり一方的に主張し続けたりするのではなく，どうにか折り合いを付けようと自分も納得できるいちごのイメージを広げていったのだと考えられる。自分なりに考えることに自信がもてることに加え，お互いに安心して自己主張できる環境や友だち同士の関係が築かれているからこそ，こうした交渉やその結果としての折り合いが付けられるようになるのである。

　自分なりに考え，自分なりの言葉で表現して他者とつながろうとする，自信と誇りに満ち溢れた「イッチョマエ」な3歳児の姿に，客観的な正しさとは別に価値を見出して受け止めることが大切である。

コラム　　子どもの内面理解 —保育の実践と評価

　3歳といえば幼稚園では入園したばかりであり，保育所や認定こども園では「幼児クラス」という扱いになり，持ち物の始末等，身の回りのことは自分でできるように指導することが多くなると思います。いずれの就学前施設においても，3歳という年齢は集団生活や子どもの生活習慣の自立という観点から，ひとつの節目を迎えるといってよいのではないでしょうか。しかし，この頃はまだ発達の個人差が大きく，興味の対象も実に様々です。登園時，スムーズに持ち物を片付けて遊びに向かえる子どももいれば，何よりも先に遊び始めたい子どももいます。また，「〇〇組さん，お片付けだよ」と保育者が声を掛けると，さっと片付けに取り掛かる子どももいれば，なかなか遊びを切り上げられなかったり，「〇〇組さん」という声掛けが自分に向けられていることを理解するのが難しかったりする子どももいます。このように一人一人に大きな違いが見られる時期ですから，保育者はまず，子どもの様子をしっかりと把握し，その子が必要とする援助を見極めて関わることが大切です。

　遊びの場面においては気の合う友だちができ，仲間と一緒に遊ぶことが楽しくなる時期です。一方で，自分の思いを十分に言葉で表すことが難しく，「〇〇のつもり」が行き違ってトラブルになったり，楽しそうだと思って始めた遊びが長続きせず，刹那的に次々と遊びを変えてしまったりする場面も見られます。保育者が一緒に活動しながら子ども同士の遊びをつないだり，新しい提案をしたりして遊びを継続・発展させることも大切です。このように，十人十色の様子を見せる子どもたちの成長を支えていくためには，子ども理解に基づいた評価を正しく行うことが肝要です。ここで，評価を行う際の留意点を確認してみましょう。幼保連携型認定こども園教育・保育要領解説の中では以下のように述べられています。「評価の実施に当たっては，指導の過程を振り返りながら，園児がどのような姿を見せていたか，どのように変容しているか，そのような姿が生み出されてきた状況はどのようなものであったかといった観点から園児の理解を進め，園児一人一人のよさや可能性，特徴的な姿や伸びつつあるものなどを把握するとともに，保育教諭等の指導が適切であったかどうかを把握し，指導の改善に生かすようにすることが大切である。また，園児の理解に基づいた評価を行う際には，他の園児との比較や一定の基準に対する達成度についての評定によって捉えるものではないことに留意する必要がある」〔第1章 第2節 2（4）①〕。ここに指摘されているように，就学前施設における評価は比較や基準の達成度に基づくものではなく，あくまでその子自身の変容のプロセスをとらえるものであることをしっかりと理解しておきたいものです。

第10章 遊びと社会性の発達
― 4歳の頃 ―

多くの子どもが就学前施設（幼稚園・保育所・認定こども園をいう）に入園し，友だちとの関わりや言葉でのコミュニケーションが活発になってきた4歳頃。社会性が日々身に付いていく他，心の中の世界もグッと豊かになっていく。本章では，4歳の子どもの姿をとらえながら，仲間関係の発展やいざこざの意義，自己概念や自己制御の発達，遊びの種類と発達，内面世界の広がりとそれを支えるものについて考えていく。

事例10－1　Qちゃんと手をつなぎたい

　色々な食材で色使いを考えて盛り付けを楽しむQ児，作ることが好き，誰かに食べてもらうのが好きなR児。いつもそれぞれ一人で遊んでいる。ある時，R児が保育者に「食べに来て」と言いに来た。保育者が「何を作ってくれたの？」と聞くと，「オムライス！」と言うので，「もう少しソースをかけてほしいな～」と言うと，手を振ってソースをかける真似をした。そこへQ児がやってきて，食材で置いてあった毛糸をソースに見立て，オムライスの上にかけた。それを見たR児は「わぁ～おいしそうなソース！」と言って喜び，他の盛り付けにも毛糸を使って遊びだした。その姿を見て保育者は，ソース入れやソースの色に合った毛糸を環境に加えた。
　その日をきっかけに，二人でままごとをするようになり，他児をお客さんにして呼び込み，一緒に遊びながらレストランごっこへと発展していった。作る人，店員，お客さんと役割を決めて遊ぶようになり，これをきっかけにQ児とR児の関わりも深まって，散歩の時，R児は「Qちゃんと手をつなぎたい」と言葉で伝えてきた。

　3歳までは見立て遊びが中心だが，4歳頃には見立てがつながってお話になり，その過程で友だちとつながり，仲間で遊び，5歳頃には自分たちで遊びをコーディネートするようになる。子どもは，乳児期から周りの環境と関わり，探索しながら，ものや人と出会い，4歳頃から本格的に友だちと関わって遊ぶようになる。第10章では，4歳頃の遊びと社会性の発達について理解を深める。

1 ４歳頃の発達とその特性

　４歳になると，身長は平均100cmほどにもなり，おおむね大人と同じような歩き方ができるようになってくる。また，でんぐり返しをしたり，片足立ちをしたり，ケンケンをしたりと，体のバランスを取れるようになる他，スキップやブランコの立ちこぎ等，より複雑な全身運動が可能となる。手先のコントロールも進み，はさみを使って形を切り抜いたり，紐を結んだりと，製作活動の幅が広がってくる。普段の生活においても，多くの子どもが箸を使って食事ができるようになる他，大きなものであればボタンを留められるようになり，衣服の着脱が自立する。さらに，おむつも取れ，排便も自立する子どもが増えてくるほか，一人で顔を洗ったり，鼻をかんだりと，大人の助けを借りなくても一人で可能な生活スキルが増えてくる[1]。

　さらに，この時期の子どもの多くは就学前施設等において集団場面を経験し，仲間と遊びの目的やイメージを共有したり，協力したりする経験を積んでいく。一方で，自己主張のぶつかり合いによって他者と衝突することも増え，保育者（幼稚園教諭・保育士・保育教諭をいう）の介入が必要となることも多い。言語的発達の面では，ほぼ全ての助詞の使用ができるようになり，これまでと比べるとかなり長い会話が可能となってくる。会話の中では，出来事について行為者と受け手を区別して話したり，相手が話している時に聞き手になるという役割交代をしたりする[2]。

　また，この時期には心の中の世界が大きく広がり，実際に何かをやってみる前に心の中のイメージを使って「こうしたらどうなるかな」等ということを子どもなりに想像するようになる。心の中で言葉を使って考えたり，自身の行動を制御したりすることもできるようになり，思考の仕方においても大きな成長がみられる時期であるといえる。

　上記のような様々な側面での発達によって，この時期の子どもは好奇心をもってより活発な活動を行うようになる。この時期の発達課題として，好奇心に支えられた積極性を獲得することがあげられる。大人は必要に応じて子どもの活動をコントロールすることとなるが，行き過ぎるとこの発達課題を達成できず，子どもは自発的に活動することに過度な罪悪感をもつようになる[3]。

1)　橋口英俊編『新・児童心理学講座第３巻　身体と運動機能の発達』金子書房，1992，pp.83-126.
　谷田貝公昭・高橋弥生『データでみる幼児の基本的生活習慣　第２版—基本的生活習慣の発達基準に関する研究—』一藝社，2009.

2)　平山諭・保野孝弘編著『発達心理学の基礎と臨床第２巻　脳科学からみた機能の発達』ミネルヴァ書房，2003，pp.111-130.

3)　エリクソン，E.，H.，小此木啓吾訳編『自我同一性　アイデンティティとライフ・サイクル』誠信書房，1973.
　ハヴィガースト，R.J.，荘司雅子監訳『人間の発達課題と教育』玉川大学出版部，1995.

2　友だちとの関わりと自己意識の芽生え

（1）仲間関係の発達

　3〜4歳という年齢は，子どもの周りの対人的な環境が大きく変化していく時期である。街中や家庭内における1〜12歳の子どもの観察を行った研究[4]では，1〜2歳児は大人とやり取りする機会が多いのに対し，3〜4歳児になると子ども同士でやり取りする機会の方が多くなることが明らかになっている。また，令和元年版少子化社会対策白書[5]によると，2018（平成30）年度の推計未就園児（就学前施設に所属しない子どもの割合）は，2歳児で48.5％であるのに対し，3歳では5.2％，4歳では2.7％と，年齢に伴って大幅に減少している。つまり，特に3歳以降は，ほとんどの子どもが家庭での保育から集団での保育に移行し，家族や大人だけでなく，同年齢の子どもとの関わりを経験していく。

　中澤は，4〜5歳の新入園児の自由遊び場面を観察したところ，1週目は一人で過ごす時間が平均75.86％にも上るが，4週目には平均49.63％まで低下することを明らかにしている。また，観察中にやり取りした同性の子どもの人数は，1週目の平均4.33人から4週目の7.42人と増加するのに対して，異性の子どもについては変化がみられなかった[6]。つまり，初めての集団場面において，子どもは同性を中心に仲間関係を構築していくことがわかる。

　また，ハータップ（Hartup, W.W.）によると，幼少期の友人関係は，① コミュニケーションや協同，仲間入り等の社会的スキルを獲得したり上達させていったりするための社会的文脈，② 自分や他者，世界全体を知るための情報源，③ 楽しんだりストレスを調節したりするための感情的・認知的資源，④ 後の人生における対人関係の先駆けといった，様々な重要な意味をもっている[7]。例えば，3・4歳児の仲間入りについて観察した研究では，3歳の前半ではただ相手の行動を真似することが多いのに対し，年齢が進むとともに相手の活動に関して働き掛けたり，「入れて」「いいよ」等の明確な言葉掛けを行ったりするようになることがわかっている[8]。このように，園生活の中で仲間と過ごすことによって，仲間の行動への興味が高まり，それに合わせた働き掛けができるようになってくるといえる。

　さらに，仲間関係において経験するいざこざも，社会的な発達において重要な意味をもっている。保育所保育指針解説〔第2章3（2）イ（ウ）〕では，3歳以上児の人との関わりに関する領域「人間関係」の「内容の取扱い」において，次頁のように示されている。

4) Ellis, S., Rogoff, B., & Cromer, C.C., Age segregation in children's social interactions, *Developmental Psychology*, **17**, 1981, pp.399-407.

5) 内閣府『令和元年版 少子化社会対策白書』2019.

6) 中澤 潤「新入園児の友人形成―初期相互作用行動，社会認知能力と人気―」保育学研究，**30**，1992，pp.395-411.

7) McGurk, H. (Ed.), *Childhood social development : Contemporary perspective*, Psychology Press, 1992, pp.175-205.

8) 松井愛奈・無藤 隆・門山 睦「幼児の仲間との相互作用のきっかけ：幼稚園における自由遊び場面の検討」発達心理学研究，**12**，2001，pp.195-205.

　子どもは他者と様々なやり取りをする中で，自分や他者の気持ち，自他の行動の結果などに徐々に気付くようになり，道徳性の芽生えをより確かなものにしていく。特に，仲間と楽しく過ごす一方で，いざこざや葛藤の体験を重ね，それについて考えたり，保育士等や仲間と話し合ったりすることは，自他の気持ちや欲求は異なることに気付かせ，自分の視点からだけでなく相手の視点からも考えることを促して，他者への思いやりや善悪の捉え方を発達させる。

　＊下線は筆者による

　園での生活におけるいざこざの代表例としては，おもちゃの取り合いがあげられる。バイクマン（Bakeman, R.）らは，1歳児クラスと3歳児クラスにおいておもちゃの取り合いを子どもたち自身で対処している場面を観察し，おもちゃを他の子から取り上げようとする子どもがそのいざこざの直前にそのおもちゃを使っていた場合，そのおもちゃを獲得できる割合が高くなることを明らかにしている。これは，先に物を所持・使用していた人に引き続きその権利があるという先行占有のルールが乳幼児の間でも理解され，用いられていることを表している。さらにこの研究では，3歳児においては先におもちゃを使っていた子どもは相手の抵抗に合う確率が低いことも示されていることから，このような経験を積み重ねていくことで，このルールが相互に理解され，子どもたちなりの対処方略が身に付いていくことがわかる[9]。

（2）自己の発達

　同年齢の集団の中で生活していく中で，幼児は自己理解を深めていく。幼児期から児童期への自己理解の発達を検討した研究[10]では，幼児は児童期以降の子どもに比べて自分の顔や名前等の身体的・外的特徴をとらえることが多いが，その他にも「サッカーをする」「ピアノを弾く」等の活動から自分をとらえたり，子どもによっては自分の性格についても言及したりすること，また，自分について「いい子」や「おりこう」等の楽観的な評価をする傾向にあることが明らかになっている。このように幼児期後期は，まだ正確さには欠けるものの，自分とはどのような存在であるのかという考えを徐々に獲得し始める時期であるといえる。

　また，幼児期における仲間関係は，自己制御（自分の気持ちや行動をコントロールする力）の発達を促していく。柏木は，自己制御のうち，自分の欲求や意思を主張したり行動として実現したりすることを自己主張・実現，自分の欲求や行動を適切な状況において抑制する行動を自己抑制とし，それぞれを表すような日常場面における子どもの行動について就学前施設のクラス担任の保育者に担当園児について評定を行わせた。そのうち，自己主張・実現に関する行動

9）Rubin, K.H. & Ross, H.S. (Eds.), *Peer relationships and social skills in childhood*, Springer-Verlag, 1982, pp.99-110.

10）佐久間路子・遠藤利彦・無藤　隆「幼児期・児童期における自己理解の発達：内容的側面と評価的側面に着目して」発達心理学研究，11，2000，pp.176-187.

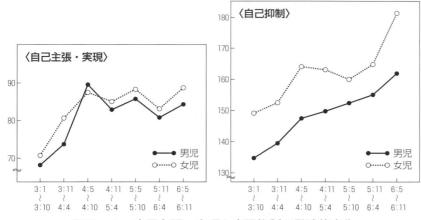

図10−1　自己主張・実現と自己抑制の発達的変化

注）たて軸は尺度得点，よこ軸は月齢を表す
出典）柏木惠子『幼児期における「自己」の発達』東京大学出版会, 1988, 図１−１ （p.23）.

は，いやなことはいやと言ったり自分のやりたいことを言ったりできる，遊び
に自分から参加したり玩具を貸してと言ったりできる，子ども自身の独自性や
能動性を発揮できるといったものが含まれた。一方，自己抑制については，遊
びの順番やほしいもの等を待てる，静止やルールに従う，自分の欲求が通らな
い場面で我慢できる，困難な課題や失敗に対して粘り強く対処するといった行
動で構成された。調査の結果，３〜６歳の自己主張・実現及び自己抑制の発達
は図10−1のようになった。両方ともこの時期に発達していくことがわかる
が，前者については特に３歳から４歳後半にかけて増加してその後横這いにな
る一方，自己抑制については幼児期を通して増加し続けている[11]。

　この理由としては，自己主張・実現の基となるような「〜したい」という欲
求に関わる脳の領域が比較的早く発達するのに比べ，自己抑制の基となるよう
な衝動や感情を抑えることに関わる脳領域は，児童期以降も発達していくこと
が関わっているかもしれない[12]。一方で，このような発達過程の差について
は，文化の影響も指摘されている。これまでの研究では，イギリス人の幼児は
日本人の幼児に比べて自己主張をしっかりとする傾向にあり，母親も幼児の自
己主張を促すような関わり方をしていることがわかっている[13]。このような
ことから，日本では文化的に，子どもの自己主張より自己抑制が重視される傾
向にあり，そのために幼児期後期で自己主張が停滞している可能性も指摘され
ている[11]・[13]。また，鈴木は，年少児から年長児に掛けては，子どもが自己抑
制すべき場面と自己主張すべき場面において適切な行動を選択しやすくなるこ
とを明らかにしている[14]。両者の力はどちらも子どもの発達においてとても
重要なものであり，状況に応じて適切に使い分ける力を促していく必要がある

11）柏木惠子『幼児期
における「自己」の発
達：行動の自己制御機
能を中心に』東京大学
出版会，1988．

12）森口佑介『自分を
コントロールする力
非認知スキルの心理
学』講談社，2019．

13）佐藤淑子『イギリ
スのいい子日本のいい
子：自己主張とがまん
の教育学』中央公論新
社，2001．

14）鈴木亜由美「幼児
の自己調整機能の注意
ならびに認知的メカニ
ズム—自己抑制と自己
主張の二側面からの検
討—」京都大学大学院
教育学研究科紀要，49，
2003，pp.338-349．

と考えられる。

3 遊びの発達と内面世界の形成

(1) 遊びの発達

　保育所保育指針では，保育の基本原則として「子どもが自発的・意欲的に関われるような環境を構成し，子どもの主体的な活動や子ども相互の関わりを大切にすること。特に，乳幼児期にふさわしい体験が得られるように，生活や遊びを通して総合的に保育すること」〔第1章 1（3）オ〕と記されている。ここからわかる通り，保育は子どもの生活や遊び等の中で，子どもの主体的な活動を通して行われるものである。さらに，保育所保育指針解説においては，この項目について「遊びには，子どもの育ちを促す様々な要素が含まれている。子どもは遊びに没頭し，自ら遊びを発展させていきながら，思考力や企画力，想像力等の諸能力を確実に伸ばしていくとともに，友達と協力することや環境への関わり方なども多面的に体得していく」〔第1章 1（3）オ〕としている。このように，遊びは保育において非常に重要な意味をもっており，子どもは保育者による関わりや環境構成に助けられながら，園生活を通して多様な遊びを経験していく。

1）ピアジェの遊びの分類

　ピアジェは，知的発達の観点から子どもの遊びを分類している。それによると，感覚運動期といわれる0歳から2歳までの段階においては，感覚を楽しんだり運動機能を試したりするために，単純な行為を繰り返す機能的遊びを行う。その後，前操作期といわれる2歳から7歳くらいまでの段階においては，心の中に再現された世界である表象を使って思考できるようになることから，象徴的遊びに置き換わっていく。これは，例えば積み木をトラックに見立てて走らせるように，現在目の前にしていない事物の象徴的な特徴を表象として頭に思い浮かべながら行う遊びである。冒頭の事例において，毛糸の特性を活かしてオムライスのソースに見立てるような遊び方はこれにあたる。さらに，児童期前後になると，実際に目で見たり手で触れたりできたものを頭の中で操作し論理的に思考する具体的操作期に入り，事前に取り決められた決まりに従ったりそれを調整して遊ぶようなルール遊びがみられるようになる[15]。

15）ピアジェ, J., 大伴 茂訳『遊びの心理学（新装版）』黎明書房，1988.

2）パーテンの遊びの分類

また，パーテン（Parten, M.B., 1902-1970）は，社会的参加の観点から遊びを表10-1のように分類し，2歳から4歳の自由遊びを観察して各遊びの発達的変化を検討した。その結果が図10-2である。グラフからわかる通り，一人遊びや，友だちの近くで同じような玩具を使うもののお互いにかかわらずに遊ぶ平行遊びの頻度は年齢が進むにつれて減っていく傾向にある。一方，冒頭の事例10-1のように友だちと活動に関わる会話をしながら遊ぶような連合遊びや，組織化された集団の中での共通の目標に向けた協同遊びが増加していくことがわかる[16]。事例10-1でも，最終的にままごとやレストランごっことい

16) Parten, M.B., Social participation among pre-school children, *The Journal of Abnormal and Social Psychology*, 1932, pp.243-269.

表10-1　遊び時間における行動の類型

行動の類型	社会的参加の様子
専念のない行動	明らかに遊んでおらず，その時にたまたま興味をもったものを見たりしている。
一人遊び	他の子どもの遊びに興味をもたず，離れて一人で自分の遊びに熱中する。
傍観的行動	特定の子どもの遊びを見ながら，時々話しかけたりすることもあるが，遊びには入らない。
平行遊び	他の子どもの傍らで同じようなおもちゃを使って平行的に遊ぶが，やり取りはみられない。
連合遊び	子ども同士で活動に関して話したり，道具をやり取りしたりしながら遊ぶ。
協同遊び	目的に向けて集団が組織され，役割分担や協力をしながら遊ぶ。

出典）Parten, M.B., Social participation among pre-school children, *The Journal of Abnormal and Social Psychology*, 1932, pp.243-269. より著者作成

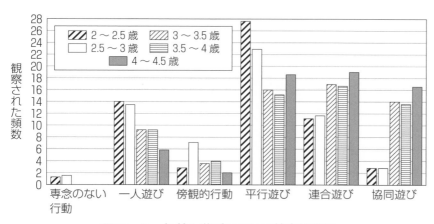

図10-2　年齢と遊びにおける社会的参加

出典）Parten, M.B., Social participation among pre-school children, *The Journal of Abnormal and Social Psychology*, 1932, pp.243-269. より筆者翻訳

った形で役割関係をもつ集団が組織されていることから，遊びの中でのきっか
けを基に，遊びが発展し，協同的な経験を積んでいく様子がみてとれる。

このように，特に3〜4歳以降，同年齢と仲間関係が組織され，社会的なや
り取りが可能となってくることで，自由遊びの時間においても友だちと関わり
ながら過ごすことが増えてくる。そしてその中で，同じ目的に向けて協力した
り，何かを一緒に達成したりする経験を積んでいくこととなる。

3）遊びの援助と自己の発揮

このように，乳幼児の遊び方については，年齢に伴って大まかな発達的特徴
がみられる。ただし，前述のピアジェの遊びの分類は，あくまで子どもの自発
的な遊びをとらえたものであり，7歳前の幼児にルール遊びを楽しむことがで
きないということを示すわけではない。田中は，幼児の集団遊びには子どもだ
けで成立する遊びだけでなく，大人が関わる中で初めて成立する遊びも存在す
るとして，特に鬼ごっこに着目してその成立過程を3段階に分け，その中での
大人の関わりについてまとめている[17]。それによると，3歳以前の「追い掛
けっこ期」においては，追い掛ける・逃げるといった役割が明確に成立してい
ないものの，相手の行動に誘発された追い掛けっこ遊びが可能であり，保育者
は「マテマテ」「さあ，○○先生を捕まえるよ」といった言語的な手掛かりや，
動物のお面・帽子・タスキといった視覚的手掛かりを用いて，子どもたちを援
助する。その後，3歳から4歳の「鬼ごっこ成立期」では，役割が理解できる
ようになるため，大人の援助は最低限のものとなるが，子どもの理解に応じて
大人が役割交代を促したり，子どもの代わりになってオニになったりする。さ
らに，5歳以降の「鬼ごっこ展開期」に入ると，色オニやドロケイ等，より発
展的な遊びが可能となる。この時期において，大人は新しい遊びを導入する際
にルールを解説するとともに，チーム別に作戦会議を行わせる等，連携や競争
心を促すような関わりを行う。

以上のように，遊びの内容は現在の子どもの姿を映し出すものというだけは
なく，年齢を経て発展していくものであり，大人は遊びの枠組みを示したり遊
びの展開を促したりするような足場づくりを行い，子どもの発達や理解に応じ
て徐々に足場を外していく。このような関わりによって，子どもはルールのあ
る遊びや協同的な遊びを経験していくことができる[17]。

一方で，友だちと関わらないような遊び方が必ずしも発達的に遅れているこ
とを示したり，社会性を阻害することを示したりするわけではないことも，理
解しておく必要がある。4歳児の遊びを観察し，その他の要因との関連を検討
した研究では，一人での構成遊び（積木や折り紙等，何かを構成する遊び）に費

17）田中浩司『集団遊びの発達心理学』北大路書房，2014.

やした時間が社会的な能力と関連しないこと，また，構成的な平行遊びが長い子どもほど，社会的な能力や友だちからの人気が高かったことが明らかになっている[18]。このことから，友だちに関わらずに遊ぶことが必ずしも悪いわけではなく，むしろその時自分のやりたいことに熱中して取り組むことでしっかりと自己を発揮することも，結果的に友だちと関わる力につながっていくと考えられる。保育者には，日頃から子どもたちの遊ぶ姿をよく観察し，子どもの自己発揮を促すような柔軟な関わりを行うことが求められる。

（２）内面世界の形成

4歳という年齢は，ピアジェの発達段階における前操作期のうち，象徴的思考段階（2～4歳）から直観的思考段階（4～7歳）へと移行していく時期である（p.20参照）。この段階では，それまでに発達させてきた表象によって，物事を分類したり関連付けたりする概念的思考が可能になり，実際に活動する代わりに心の中で実験をするように表象を動かしたりして，少し論理的に考えることができるようになる。一方でその思考は，物事の見た目の特徴や状況に左右されやすい，自分の視点から離れて客観的に考えることが難しい等，あくまで直観的で，完全に論理的とはいえない[19]（ただし現在では，課題の内容が幼児に身近なものであれば論理的な思考が可能であることが示されている）[20]。

また，この時期の子どもの内面世界の形成は，言語の発達によって支えられている。子どもはそれまでに発達させた「話し言葉」を用い，他者と会話をし，意思疎通（そつう）することができるようになってくる。一方でわれわれ大人は，心の中だけで言語を使って思考したり，自分の行動を制御したりもする。前者のような，発声をともなった他者に対する言葉を外言（がいげん）といい，後者のような，発声をともなわない自分に向けた言葉を内言（ないげん）という[21]。内言は幼児期を通じて徐々に獲得されるが，その過程において，発声が伴うもののコミュニケーションの機能をもたない自己中心的言葉が観察されるようになる。幼児は遊びや課題に取り組む中で，このような言葉を使って状況を意味付けし，自分の取り組み方を決め，次の動作を計画する。このような外言から内言への移行段階を経て，小学校に入学する頃になると，子どもは言葉に出さなくてもじっと考えて自分の行動を計画することができるようになる。

18) Rubin, K.H., Nonsocial Play in Pre-schoolers : Necessarily Evil?, *Child Development*, 53, 1982, pp.651-657.

19) ピアジェ, J., 波多野完治・滝沢武久訳『知能の心理学（新装版）』みすず書房, 1998.
ピアジェ, J., 滝沢武久訳『思考の心理学発達心理学の6研究（新装版）』みすず書房, 1999.

20) 上野直樹・塚野弘明・横山信文「変形に意味ある文脈における幼児の数の保存概念」教育心理学研究, 34, 1986, pp.94-103.

21) ヴィゴツキー, L., 柴田義松訳『新訳版・思考と言語』新読書社, 2001.

コラム　　　遊びによる総合的な指導

　乳幼児期の生活の多くを占める遊びは，乳幼児の発達の諸側面と相互に関連し合いながら，保育の場で日々展開されています。子どもの自発的な活動としての遊びは，大切な経験の積み重ねであり，多くの学びを得る機会となります。子どもは保育者の温かい支えと安心して過ごせる環境のもと，乳幼児期にふさわしい生活が展開される中で，様々なことに気付き，感じ取り，行動する力や態度を身に付けていけるようになります。また，保育者には，子どもの一人一人の特性や発達の状況について理解し，子どもの思いや考えを共感的に受けとめ，励ましたりして心を通わせ，遊びを通して総合的に指導していくということが求められています。

　保育において，遊びを通して総合的な指導が求められる意味は，乳幼児の心身の発達が未分化であること，一つの生活や遊びの体験の中で，様々な側面の発達が促されるからです。

　また，指導という言葉から，保育者が一方的に主導したり指示したりすることが連想されますが，総合的に指導するとは，冒頭の事例にもあるように，保育者は常に遊びの展開を見守りながら，子どもからの働き掛けに応じつつ，子ども自身の主体性を引き出していく，ということです。また，子どもが他の子どもと関わって遊びを始めたり，他の子どもの行為に関心をもって遊びを発展させたりするきっかけとなるような援助を行っていくことを意味しています。

　同時に，保育者は一人一人の子どもの遊びや活動が，どのように変化しようとしているのか，それらのプロセスを様々な側面からとらえ，発達の様子を踏まえながら丁寧に読み取っていく必要があります。

　子どもの主体性を重視しつつ，活動が多様性をもち相互に関連し合うことも大切です。活動が単調になったり単発的なものになったりしないよう，保育者の計画的な環境構成や教材の研究等を行い，子どもに必要な経験が得られるような状況をつくっていくことを心掛けます。

　例えば，園庭で夢中になってダンゴ虫を捕まえる子どもたち。A児が，捕まえてきたダンゴ虫のおうちを作ろうと言い，小さな箱を探し始めました。さて，この時，あなたは保育者として，A児にどのような関わりをしますか。その様子をうらやましそうに見ている他の子どもたちに，どのような関わりをしますか。

　子どもたちが，いろいろな言葉のやり取りをしながら思考を巡らし，想像力を発揮していけるような関わりを考えてみましょう。

　友だちとの関わりが深まっていくにつれて，他にもいろいろなアイデアが浮かんでくるかもしれません。このように，一つの遊びを展開する中で，子どもは互いのイメージをすり合わせ，共通の目標に向けて協力し合う等，遊びを通して総合的に発達していきます。

参考文献

入江礼子・小原敏郎編著『子ども理解の理論及び方法』萌文書林，2019.

太田光洋編著『保育内容総論－生活・遊び・活動を通して育ちあう保育を創る』同文書院，2019.

第11章 認識・思考・言語の発達と集団の形成 ①
─5・6歳の頃─

　5・6歳頃になると，これまでの生活や遊びの経験を土台としながら，子どもたちが考えて決め，みんなで何かをやりとげるといった協同する姿が見られるようになる。この時期の認識・思考・言語の発達，特に物事や自分，他者を複数の視点からとらえられることが協同する姿の背景となる。自分が知っていることと他者が知っていることの違いを理解したり，できるかできないかではなく「だんだんできる」ことに気付いたりする等，子どものとらえる世界が広がっていく時期である。

事例11－1　みんなで地図を作る

　子どもたちは散歩が大好き。ある日，5歳児が，散歩道を絵にしたいと言い出した。模造紙をつなげた大きな紙に，園とその周辺の地図を描くことになり，いつもの散歩コースを思い出しながら，どこに何があるか，みんなで話し合う。今日の当番のS児とT児が進行役である。「園から三角公園に行くとき何があった？」と保育者（幼稚園教諭・保育士・保育教諭をいう）が訊くと，「犬がいる家」「薬屋さん」「パン屋さん」「あ，パン屋さんの前が本屋さんやで」と口々に言う。保育者が「園に一番近いところから順番に言ってみたらいいかも」と言うと，みな順番に思い出しながら，友だちの発言を聞いて，「その次が・・・」と言う。それぞれのお店や目印を誰が描くかも話し合う。電車が好きなU児から「駅描いたらいい」という提案も出てきて，みんな納得。話し合いながら描き，ついに地図が完成。みんなで作った地図をおうちの人にみてもらおう！と誇らしげである。

　この事例では，一つの目標をみんなで共有し，個々のつながりが集団になっていく共同性がみられる。その過程には，見たことを思い出したり，自分の考えたことを言葉で表現する，時系列にそって絵や言葉を並べる，頭の中のイメージを絵に構成する（例　地図）等，時空間認識やイメージを言語化したり，相手にわかるように話したり思考したりする経験が含まれており，仲間の一員

という社会的自己が培われる。第11章では，5・6歳頃の認識・言語・思考の発達を中心に，内面世界の形成について理解を深める。

1 5歳～6歳頃の発達とその特性

（1）思考し，協同しはじめる5歳児

1）　神田英雄『3歳から6歳―保育・子育てと発達研究をむすぶ幼児編』ちいさいなかま社，2014，pp.143-202.

2）　山本理絵『子どもとつくる保育・年齢別シリーズ 子どもとつくる5歳児保育―本気と本気がつながって』ひとなる書房，2016，pp.14-30.

3）　熊谷俊輔「畑やサツマイモとのかかわりの中で生まれた探究の過程に見える科学」季刊保育問題研究，320，2023，pp.220-223.

　5歳児は，「思いをめぐらせる5歳児」[1]，「参画する主体としての5歳児」[2]と呼ばれる。4歳代で複数の視点から物事が見え始めるがゆえに葛藤する時期を経て，5歳代になると物事には複数の見方があることに気付き，受け止める姿が見られるようになる。そのため，遊びや生活の中で自分とは異なる他者の気持ちを考え代弁したり，物事がうまく行かない時や不思議な現象に出会った時には，これまでの経験から想像し試してみたり，仮説を立てて観察してみたり，複数の出来事を結び付けて結論を導き出したりする姿が見られる。

　例えば，熊谷[3]の実践では，年中児クラスの頃からサツマイモ栽培を経験してきた年長児が，サツマイモ栽培がうまくいかない年中児クラスにアドバイスを行う姿が紹介されている。小さくて細いサツマイモが少ししか収穫できなかった年中児が，年長児にサツマイモを分けてもらえないかとお願いに行くと，年長児は，困っている年中児を 慮 (おもんぱか) る言葉とともに，「葉っぱは黄色くなっていたの？」や「（年中児クラスのサツマイモを観察しながら）カビは生えていないか？ ちゃんとしないとカビも生えるんだぞ」といった助言を行っている。この実践の年長児たちには，肥料の配合を考え工夫をしたり，サツマイモの成長を写真に撮って観察する姿も見られていた。このように，5歳児には，身近な物事に対して「なぜ？」，「どうして？」，「どうしたらよいのか？」と疑問をもち，仮説を立てたり，実際に確かめたりしていくことを通して，考えを巡らせながら物事に関わっていく姿が見られる。

　また，目的を定めて協同的な活動をしようと，役割分担ややり方を互いに確認し合いながら進めていく姿も見られる。ただ，協同的な活動ではイメージのズレや目的のズレ等によって，互いの意見がぶつかりあうことも多々生じるため，話し合いが行われる。話し合いは，年度当初には保育者が大枠を提案したり，話し合いの道筋を支えたりすることもあるが，だんだんと子どもたち同士で展開する様子も見られていく。これは，認識や言語の発達とともに，日常の保育で自分の気持ちを伝えることが尊重され，話し合いがクラスの中に位置付けられていることで，話し合うことが考えの違う仲間と互いに納得できるにはどうしたらよいのかを考える場となっていくためである。話し合いを通して意

見を出し合い，互いの考えを知ることは，子どもたちが自分たちの生活を自ら考え，つくり出す経験となる。

（2）豊かなイメージの中で，時間を掛けて遊びこむ

　5歳児は，身体の発達や，認識や思考の発達によって，イメージの世界に入り込んで遊んだり，試行錯誤して道具を作って遊んだり，時間を掛けて挑戦する遊びを楽しむにようになる。例えば，鈴木[4]は，『エルマーのぼうけん』の世界を楽しむ5歳児の実践を紹介している。この5歳児クラスでは，『エルマーのぼうけん』を何度も読むうちに，子どもたちの「冒険にいきたい」という気持ちが強くなり，「おはなしに出てくる道具を全て揃えて冒険に行きたい」という子どもたちの思いから，まずは冒険に持っていく様々な道具を作り始めることとなった。例えば，くしを作ったとき，子どもたちは油粘土でくしを作り始めるが，すぐに柄が折れてしまい思うように遊べず，「このくしでライオンの毛とかせるのかな」とおはなしの中のイメージとも合わない様子であった。そこで，もっと丈夫なくしにしようと素材を変え，作り方を変える等，子どもたち自身が考え形にしていく姿が見られた。全ての道具が揃うと，近くの公園をおはなしに出てくる「どうぶつ島」に見立てた冒険に出発し，エルマーのように冒険に行く楽しさをみんなで共有していた。この冒険を通して「エルマーはどんな気持ちだったんだろう」とおはなしの世界への理解も深まっていった。その後，子どもたちが楽しんだ『エルマーのぼうけん』の世界は，運動会にも続いていき，保護者も結び付けるものになっていったことが報告されている。

　鈴木の実践からは，子どもたちが現実とイメージの世界を行き来しながら，認識を深めていく姿が見てとれる。子どもたちはイメージの世界も楽しむが，くし作りに見られるように，エルマーの本物のくしを再現するため，現実的な試行錯誤も経験している。さらに，おはなしの共有，道具作り，冒険，運動会と子どもたちの遊びが時間経過とともに展開していく様子も見られた。時間を掛けて挑戦する，深めていく遊びには，他にも縄跳びやコマ，竹馬等，日本の伝統や文化に触れる遊びにもみられる。これらの遊びには道具作りから，技を磨いていくといったプロセスがある。このプロセスは，子ども同士でできた楽しみを共有すること，教え合うことだけではなく，道具作りに保護者が関わったり，技を教えてくれたりする地域のコマ名人に出会う等，遊びを通して地域とつながっていくきっかけともなる。

4）　鈴木優花「あそびを通して友達との関係を育む」季刊保育問題研究，302，2020，pp.152-155.

（3）5歳児の発達課題

　5・6歳頃の発達課題は，協同の中で互いの気持ちを伝え，受け止め，合意形成をする力を育てていくことである。そのため，これまでの生活や遊びの経験を土台としながら，子どもたちが考え，話し合いをし，共通したイメージや目的をもって，みんなで何かをやりとげる経験を保障しなくてはならない。この協同の過程で，うまくいかなかった時には，再度話し合いをしたり，これまでの自分たちの経験から原因を考えたり，考えたことを実際に試してみたりと自分たちで考えを巡らせながら物事に関わっていく姿が生じる。また，子どもたちは自分の考えや思いをもちながらも，友だちやクラスの要求を聞いて，折り合いをつける姿も見せるようになる。協同する経験は子ども個人に閉じたものではなく，クラス集団の中で展開していくものであるため，保育においては夢中になる遊びを展開すること，子どもが参加したくなる集団づくりが重要となる。

2 認識・思考の発達

　5・6歳頃は，物事を複数の視点から見ることや「間」をとらえることが可能になり，事物や自他のとらえ方が広がっていく時期である。自分の経験から因果関係を理解したり，数や色といった抽象的な概念から物事を理解しようとする。また，保育場面での子どもの姿は認識・思考の発達と身体の発達が相互に関連している。例えば，子どもが赤と白を混ぜて中間色であるピンクを作るためには，赤と白の「間」をとらえることが可能になることと，手指の発達により細かい作業が可能になることの両方が寄与している。

（1）表象理解の質的変化

　5歳児の認識・思考の発達には表象理解の質的変化が大きく影響している。表象とは，その場にないものをそこにイメージする力であり，1歳半頃から獲得され始める。4歳頃になると，子どもは同一の事物について複数の，時には対立するイメージを同時にもつことが可能となり，さらに，自分が今何かをイメージしていることそれ自体を自覚できるようになっていく。例えば，ごっこ遊びの中で積み木をコンロに見立てて料理ごっこをしている子どもがいた時に，5歳であればその積み木が実際には「積み木」であること，その積み木は車にもクッキーにも見立てられることを理解している。また，子どもは自分が「積み木＝コンロ」としてイメージしていること自体を自覚できていくため，

これは
サリーです。

これは
アンです。

サリーは，カゴをもっています。　　アンは，箱をもっています。

サリーは，ビー玉をもっています。
サリーは，ビー玉を自分のカゴに入れました。

サリーは，外に散歩に出かけました。

アンは，サリーのビー玉をカゴから取り出すと，自分の箱に入れました。

さて，サリーが
帰ってきました。

サリーは自分のビー玉で
遊びたいと思いました。

サリーがビー玉を探すのは，どこでしょう？

図11－1　誤信念課題

参考）フリス，U.，富田真紀，他訳『新訂 自閉症の謎を
　　　解き明かす』東京書籍，2009，図5.1を参考に著者
　　　作成

もしもイメージを共有できていない人がいれば，「今，これはコンロにしているの」と教えることも可能になっていく。

　同一の事物について複数のイメージをもてるということは，今の自分の見え方や考えていることが，他者の見え方や考え方とは異なる可能性に気付くことを意味し，自他理解に影響を及ぼす。自分や他者がもつ意図や知識，信念（信じていること）に気付き，そこからその人の行動を解釈したり予測したりすることは，「心の理論」と呼ばれる[5]。「心の理論」の獲得の確認には，図11－1のような「誤信念課題」[6]が使用される。サリーとアンの行為を全て見ている私たちは，ビー玉が箱の中にあるという事実を知っているが，サリー（他者）は"ビー玉はカゴの中にある"と「誤った」事実を信じている（＝誤信念）状況である。この状況で「サリーがビー玉を探すのは，どこでしょうか？」と，サリー（他者）の行動を尋ねると，おおむね4～5歳頃から，「サリーはカゴの中を探す」と他者のもつ信念から他者の行動を推測して答えることが明らか

5）子安増生・木下孝司「心の理論研究の展望」心理学研究，**68**，1997，pp.51-67.

6）Frith, U., *Autism : Explaining the Enigma*, Oxford : Blackwell, 1989.

　フリス，U.，富田真紀，他訳『新訂 自閉症の謎を解き明かす』東京書籍，2009，pp.160-165.

7) 林　創『子どもの社会的な心の発達―コミュニケーションのめばえと深まり』金子書房，2016，pp.1-18.

になっている[7]。このような自分とは異なる見方，考え方をもつ他者への気付きは，他者との関係性のもち方にも変化をもたらす。例えば，「自分は知っているが他者は知らない」という状況がわかることで，自分だけが知っている秘密をもつことや，他者を欺く嘘が可能になる。他者の意図や知識に配慮して教え合ったり，他者からの見え方を意識して発表をしたり，製作をする姿も見られる。

（２）「間」への気付き

5歳児では，「間」の世界に気付き，物事のとらえ方が広がっていく。みんなで地図を作る（事例11-1）エピソードにもみられるように，園や公園といった散歩コースの起点と終点の間に「犬がいる家」，「薬屋さん」，「パン屋さん」があることに気付き，地図にお店の目印を入れながら表現をするようになる。「その次が・・・」と話をつないだり，「あ，パン屋さんの前が本屋さんやで」と友だちと話したりする中で思い出したことを入れていく等，間の世界を豊かに表現していく。

間への気付きは，空間的な広がりだけではなく，価値や表現，時間的見通しにも影響を及ぼす。5歳児では，「大きい―小さい」「できる―できない」「きれい―きたない」といった対比的なとらえ方だけではなく，「中くらい」や「ちょっとだけ」，「どちらでもない」といった間がとらえられるようになっていく。そのため，物事に取り組むときにだんだんと上手になっていくことに気付いたり，色を混ぜて中間色を楽しんだりする姿が見られる。「いま，ここ」の状況を超えて過去や未来に視点を移すことは4歳過ぎから可能となっていくが，5歳児になると「過去―現在―未来」といった時間的な広がりも認識し始めるため，子どもなりの時間的見通しをもって遊びを続きにしたり，未来のことを心配したりする姿も見られる[8]。5歳後半になると，自己と他者は異なる時間的視点をもっており，それぞれが固有の時間的広がりをもつ世界に生きていることを理解していく[9]。

8) 吉田真理子「幼児における未来の自己の状態についての予測：未来の不確実性への気づきと「心配」」発達心理学研究，22（1），2011，pp.44-54.

9) 木下孝司『乳幼児期における自己と「心の理解」の発達』ナカニシヤ出版，2008.

（３）豊かになる生活的概念

同一の事物について複数のイメージをもつことや，「間」をとらえることにより，多面的な視点をもち始める5歳児は，物事への関心がより一層強くなり，疑問をもち，原因と結果とを結び付けて考える姿も多く見られるようになる。5歳の始めは複数の判断や出来事から結論を導いたり，一般化したりして考えることは難しいが[1]，自分たちにとって意味のある，具体的な文脈の中で考えを深めていく姿が見られる。熊谷[3]にみられた「カビが生えたらからサツ

マイモは育たなかったのかも」は，熱心に取り組んできたサツマイモ栽培という文脈の中で，因果関係を理解しようとする子どもの姿である。また，5歳児では，物事の違いに気付くだけではなく，違いの中の共通性にも気付いていくため，「形は違うけど数は同じ」と見かけではなく数という概念でとらえる姿や，「トマト，キュウリ，オクラは夏の野菜の仲間」と上位概念で物事をとらえる姿が見られるようになる。このように，5歳児は生活や遊びの中で気付き，深めていくことで生活的概念を充実させていく。生活的概念は子どもたちの具体的な生活に根差して形成されていくものであり，学校教育を通して学習される科学的概念とともに子どもの世界を豊かにしていく。

3　仲間意識と合意形成

　自分と他者とでは物事の見方や考え方が違うことを理解していくことにより，他者の情動についても理解が深まっていく。自分がもらったらうれしいプレゼントでも友だちにはうれしくない可能性があることに気付いたり，友だちの過去の経験を考慮してその子の気持ちを考えることができるようになる。嘘泣きや「悲しいけど，年長さんだから泣かない」と泣くのを我慢する等，状況によって表出と情動にズレが生じうることも理解する。このような他者理解のもとで，他者の視点に立って考えようとする姿や他者に寄り添って行動しようとする姿が見られる。

（1）向社会的行動の発達

　他者を助けたり，他者と物を分け合ったり，他者と協力するといった，他人あるいは集団を助けようとしたり，人々のためになることをしようとする自発的な行為は「向社会的行動」[10]と呼ばれる。0歳児の共感的泣きは向社会的行動の萌芽（ほうが）と考えられ，1歳代で泣いている子の頭をなでるといった慰め行動が見られる等，向社会的行動は早い段階から生じており，幼児期を通して増加し，内容も変化していく。5歳以降になると，自分の見方を離れて相手の立場に立ち，励ましたり，慰めたり，教えたり，協力し合う姿が見られる。例えば，他者に何かを教える教示行為は「（自分より知識の少ない）他者の知識を増やそうとする意図的な行為」[11]である。1歳後半頃より他者の必要とする情報を教える姿が見られ始めるが，教える情報は「いま，ここ」に限定されている。3歳以降，道具の使い方やルール等，複雑な内容を教えることが徐々に可能となり，実際にやってみせることで教える姿が見られる。

　5歳になると，言葉によって，「まずはここを折って…」と手順を追って教

10) Eisenberg, N., & Mussen, P.H., *The roots of prosocial behavior in children*, Cambridge University Press, 1989, pp.1-11.

11) Frye, D., & Ziv, M., Teaching and learning as intentional activities, In Bruce, D.D. &Tamis-LeMonda, C. (Eds.), *The development of social cognition and communication*, 2005, Lawrence Erlbaum Associates Publishers, pp.231-258.

12) 木下孝司・久保加奈「幼児期における教示行為の発達：日常保育場面の観察による検討」心理科学，2010，31（2），pp.1-22.

える姿が増えてくる。制作の中でガムテープを使って家を作っている友だちに「テープ，長く切った方がいいで。だってな，長い方がめっちゃ強くなるで」と友だちの作りたいものを理解した上で教える姿や，友だちのことを考えてあえて教えず見守る姿も見られるようになる[12]。頑張って練習する友だちのそばで励まし，応援し，友だちができると自分のことのように喜ぶ姿もよく見られる。子ども自身の何かをやりとげてきた経験とそこから生まれる学習者を主体と考える学習観や，教えたい気持ちを我慢する抑制能力も背景としながら，他者のもつ知識や考え，願いに思いを巡らせて，柔軟に寄り添うことが可能となっていく。

（2）仲間としてみんなで考え，決める

　5歳児は，保育者と子ども集団との間に信頼関係が成立している中で，子ども同士で意見を言い合い，違いがあれば話し合い，違いを認め合う集団となっていく。共に生活し，遊ぶ中で友だちの好きなことや得意なこと，不得意なことを知り，遊びの中での役割分担を考えたり，「○○ちゃんにお願いしよう」と互いを頼りにしたりする姿が見られる。また，他者をとらえる際にも，「おこりんぼだけど楽しい遊びを思いつく○○ちゃん」「泣き虫だけどお絵描きが上手な○○くん」と多面的にとらえたり，「○○ちゃんは，毎日練習してだんだん鉄棒がうまくなってきた，がんばりやさん」と連続的な変化に気付く等，様々な見方ができるようになっていく。「○○ちゃんは負けると怒って怖いけど，勝ちたい気持ちは私と一緒だ」と自分と他者との違いだけではなく，共通性にも気付いていく。多面的に友だちをとらえられることにより，互いを認め合い，信頼し合える，より強い仲間意識が育まれる。

13) 荒武美保「自分たちの考えをかたちにしていく リレーの取り組みを通して」季刊保育問題研究，290，2018，pp.128-131.

　荒武[13]は，5歳児クラスの子どもたちがみんなで話し合いを重ね，運動会のリレーをつくっていく姿を紹介している。この園の運動会では，毎年年長児が2チームに分かれ，対抗戦となるリレーがあり，走る順番をみんなで考えている。クラスにはダウン症候群のA児がおり，自分の考えを伝えることやルールを理解すること，走るのが苦手な姿があるが，子どもたちはみんなで一緒にリレーをするためにチームを超えて話し合いをしていく。話し合いの中で，子どもたちから「Aはリレーが楽しいって思ってる」とA児の気持ちを推測し代弁する姿があったり，「速い人が後ろにいって，遅い人が先に走ったら？」と走順の工夫をしたり，「（他チームに）速い人がいってチームを作ったら？」とチーム編成について提案する姿も見られている。そんな中，練習のリレーでA児と一緒のタイミングで走る他チームのO児が，A児と同じ速さで歩くことで初めてA児のいるチームが勝てた時があった。A児のいるチームは初めての勝

利となり，喜ぶ子どももいる中で，「こんなのリレーじゃない」「リレーは歩くんじゃない，走るのがリレー」「追いついたり抜かされたりするリレーがしたい」と子どもたちの思いが話され，「どうしたら勝つことができるか」から，「どんなリレーがしたいのか」へと子どもたちの目標が変わっていく様子も紹介されている。運動会当日では，「Aくんは真似っこが上手と。やけん僕が一生懸命走ったらAくんももっと速くなる」と話していたH児がA児が走る時の伴走者となり，その言葉の通りH児に追いつこうとA児は今までにない走りを見せていた。

　荒武の実践からは，仲間と一緒に目標意識をもち，問題を解決しようとする5歳児の姿が見えてくる。問題を解決しようとする中で，子どもたちは走順やチーム編成，走り方といったルールについて考え，合意形成をしている。5歳児はルールに基づいて遊ぶことができると同時に，自分たちでルールをつくり，ルールを柔軟かつ民主的に変えていく。さらに，この実践では，話し合いの中でいろいろな意見が出てきた時に，「新しいことがどんどん出てきて，なんかおもしろいね」とうれしそうに話す子どもの姿も見られている。自分の思いや考えを言っていいという安心感やみんなで何かに取り組む楽しさを土台として行われる話し合いは，新しいアイデアが生まれる想像的な場となる。子どもたちは，言語や想像力，他者理解の発達とともに，みんなで考え，知恵を出し合うこと自体への喜びを感じられるようになっていく。

コラム　　協同的学び

　5・6歳頃になると園生活を通した様々な経験が豊かになり，子どもたちは保育者の仲介が
なくても友だち同士でいろいろな遊びを考案し，互いに意見調整をしたり，役割分担をしなが
ら取り組む姿が見られるようになります。劇遊びの様子に着目してみると，3歳の頃とは違っ
た子どもの姿に気付かされます。3歳頃の劇遊びでは，一人がカラフルな衣装を作ると，他の
役柄の子どもたちもみんなカラフルな衣装がほしくてトラブルになることがよくあります。と
ころが5・6歳になると，たとえ友だちがカラフルな衣装を作ったとしても自分の役柄に合わ
ないものであれば「あれは○○役のお洋服でしょ。私のはこれだよ」と，黒一色，茶色一色の
衣装を自慢げに見せてくれます。カラフルできれいな衣装を着たいという思いを超えて，子ど
もたちにはどのような思いが育っているのでしょうか。

　まずは，みんなで演じる劇のストーリーや役柄をしっかりと理解した上で，自分が果たすべ
き役割は何かをきちんと理解していることがわかります。その過程では，自分のなりたい役柄
になれなかったり，違ったストーリーに取り組みたかったりと，子どもなりに様々な葛藤を乗
り越えたであろうことが予想できます。子どもたちは大小様々な問題に出会うたびに自分の思
いを言葉にして相手に伝え，それを受け取った子どもは友だちの思いを自分なりに想像して，
どうすればよいかを考えるでしょう。互いの思いがぶつかった時には保育者に手助けされなが
らも，最後は自分たちで納得できるように意見調整していきます。このような子どもの姿は，
友だちと遊ぶ楽しさやものごとをやりとげる充実感，問題を解決できたという達成感等を繰り
返し経験したからこその姿だといえるでしょう。友だちと協同して遊ぶことについて，保育所
保育指針解説には次のような指摘があります。「友達と楽しく遊ぶようになる上で大切なこと
は，単に友達と一緒に活動しているということにとどまらず，一緒に活動する子ども同士が，
目的を共有し，一人では得られないものに集中していく気分を感じたり，その中で工夫し合っ
たり，力を合わせて問題を解決したりして，自分も他の子どもも生き生きとするような関係性
を築いていくことである」〔第2章　3（2）イ ⑧〕。幼児期の終わりを迎え，自分たちの活動を
広い視野でとらえる力が育ってくると，子どもなりに「集団とその中の自分」を意識すること
が可能となってきます。これは将来的に様々な人と共に生きていくために欠かせない社会性の
育ちと考えられますが，この育ちの中には，周囲と協調する力だけでなく，周りの人々の思い
を受け止めながら，いかに自分らしさを発揮することができるかを学ぶという意味を含んでい
ることにもしっかりと目を向けておきたいと思います。

参考文献
無藤 隆『10の姿プラス5・実践解説書』ひかりのくに，2018.

第12章 認識・思考・言語の発達と集団の形成 ②
―幼児期後期から児童期前期―

本章では，移行期にあたる幼児期後期から児童期の発達特性について学ぶ。子どもたちは小学校での系統だった学びの中で社会の仕組みを知り，社会へ適応していく。幼児期の保護者や保育者（幼稚園教諭・保育士・保育教諭をいう）に見守られた中で展開していた仲間関係も，児童期には子どもだけの関わりの世界が育ち，仲間関係の中で情動や自己をコントロールしていく。この時期の認知・思考，社会性の特性を学び，幼児期後期から児童期前期に必要な援助を考える。

事例12−1　もうすぐ小学生

5歳児クラスの年度末は，小学校の話題でもちきりである。ランドセルの色や学習机の話等，小学校への憧れともうすぐ小学生になるという自信であふれている。同じクラスでも違う小学校に行く子がいるので，「ぼくは○○小学校」「わたしは△△小学校」と胸を張って教えてくれる。一日体験に行ったＶ児たちは，「小学校に行ったら勉強するねんで」，「自分の机があるねん」と，見てきた様子を他の子どもに報告している。他の子たちも興味津々で聞いている。夕方，Ｗ児のお迎えについてきた小学校4年生のお兄ちゃんがランドセルを背負って保育室に入ってきた。子どもたちは憧れのまなざしでお兄ちゃんを見ている。お兄ちゃんはその視線を感じて，少し誇らしげだ。先生が「みんなＷくんのお兄ちゃんに学校のこと聞いてみたらいいよ」と促すが，皆照れてもじもじとしていた。

憧れの小学生になる期待をもちながら自分の体験を友だちに伝え，友だちも興味をもって話を聞くという関係がみられる。就学すると，遊び中心の生活から学習中心の生活へ移行する。保育現場では，5歳後期から，小学校への接続を意識して，保育の計画を立てる。

第12章では，幼児期後期から児童前期の移行期の発達と，自己統制と道徳性について理解を深める。

1　幼児期後期から児童期前期の発達とその特性

　就学前施設（幼稚園・保育所・認定こども園をいう）で保育者に見守られながら，仲間たちと遊びの中で学び育ってきた5歳児は，新しく小学校という場で学びを続けることになる。

　児童期は，社会への適応とそのための学びが求められる。幼児期は遊びが中心であり，遊びの中で自分から不思議だと思ったこと，興味をもったことを大人や仲間と追求し，自らの学びにしてきた。仲間との協同作業，数量概念，言葉や読み書きへの関心等，幼児期後期に育った力を基に，学校では国語や算数という教科があり，学習指導要領に沿った系統立てた学びが行われる。そうした学びの中で児童は社会の仕組みを知り，自分が知らない人や見たことのないものについて想像し世界を広げていく。見て，触って体験して自分なりに納得して知ることから，聞いて想像し，頭の中で考えて知ることへ，学びの形や内容が大きく変わり，それに適応することが児童期前期の課題である。

　髙木は，生涯発達における学びを3つに分けて考えている。母語の習得のように本人に覚えるという自覚がなく周囲の環境の中で自然と覚えていく「共生的学び」，学習者自身が自覚的に周囲の物事から学ぶ「継承的学び」，自発的に学びその人の個性を育てていく「自己統合的学び」である。

　髙木は「継承的学びと自己統合的学びは，目標を持った活動である点では共通している。その目標とするものが自分自身で選ばれ，自分にとっての意味が自覚されており，楽しく積極的に行われるのが自己統合的学びであるのに対し，継承的学びは，価値のあるものとして与えられた目標を達成するための努力を伴うものとして区別する」[1]と述べる。そして，学校教育は自己統合的学びが目指されているが，実際には継承的学びによって展開されていること，継承的学びは必要であるが，人生を生きるための知恵は自己統合的に学んでいかなければ役に立たないことを指摘している。

　エリクソンの発達段階では，児童期（学童期）の心理社会的危機は「勤勉性対　劣等感」である。エリクソンによれば「勤勉性」とは「道具の世界の法則に適応し，計画され，予定された手続きの中での協同のルールにも適応した，適格した（コンピテント）活動ができるという基本的感覚である」[2]とされる。社会の中で働くための知識や技能を，時間を掛けて身に付けることが求められる。「勤勉性」が要求する時間の掛かる仕事を行うためには，これまでの発達段階の課題「基本的信頼」，「自律性」，「自主性（自発性）」の達成が必要とな

1)　髙木和子『支え合い・学び合いで育つ「わたし」人生を広げる生涯発達モデル』エディット・パルク，2018，p.122.

2)　エリクソン，E.・エリクソン，J.，村瀬孝雄・近藤邦夫訳『ライフサイクル，その完結〈増補版〉』みすず書房，2001，p.101.

る。社会や自己に対する信頼をもち，自分で自分を律し，自ら目的をもって学ぶ姿勢がなければ，技能や知識を習得することはできない。社会的適応は学習者が社会に合わせるイメージだが，適応のための学びには，学習者の能動的な内容への関わりが重要である。今井は学びを深める探究エピステモロジー（認識・認識論）をもつために，遊びを通じて自分で発見する，粘り強さを育てることの重要性を指摘している[3]。

「幼児期の終わりまでに育ってほしい姿（10の姿）」には，自発性，自主性への言及がみられる。例えば「自分のやりたいことに向かって心と体を十分に働かせる（健康な心と体）」，「身近な環境に主体的に関わり様々な活動を楽しむ（自立心）」，等である。遊びの中で育まれる自主性ある学びが学校での学びにつながる。

2　就学前施設から小学校への移行

子どもたちは早く小学生になりたい（事例12-1）と思う一方で，新しい環境に対する不安もある。期待と不安の中，移行期を迎える子どもたちに対して，現在どのような取り組みが行われているのだろうか。

2017（平成29）年には『幼稚園教育要領』・『保育所保育指針』・『幼保連携型認定こども園教育・保育要領』と『小学校学習指導要領』が同時に改訂（定）され，『小学校学習指導要領』の「総則」には，「学校段階等間の接続」として幼児期の終わりまでに育ってほしい姿（10の姿，本章コラム参照）を踏まえた指導を工夫することが明記されている[4]。『幼稚園教育要領』には「第3 教育課程の役割と編成等　5　小学校との接続に当たっての留意事項」において，小学校の教師と10の姿を共有する等の連携を図ることとされている[5]。しかし，連携の必要性に対する意識差，連携の取り組みが学校見学等の交流活動に留まっており，資質・能力をつなげたカリキュラムの作成が不十分という指摘もある[6]。

こうしたことから，2022（令和4）年度から3年間をかけ，幼児期後期（年長児）から小学校1年生の2年間を「架け橋期」として移行期のカリキュラム作成や実施に取り組む「幼保小の架け橋プログラム」が19の自治体で行われている。改善のポイントとして表12-1の4点があげられる。

表12-1において重要な点は，目的にあげられた「学びの連続」であろう。無藤は，園でのすべての活動には遊び性（遊戯性）が入り込み，遊び性が溢れ幸せに満ちた空間で環境に置かれたものと出会い，探究に導かれ世界を知っていくことが「幼児期の学び」だとする。また，「教師による体系的・系統的な導きによる学びに対して，子どもの世界の成り立ちにはもっと広く関連する基盤的な活動と経験による世界の広がりが支えていることを十分理解しておく必要があります」

3）　今井むつみ『学びとは何か──〈探究人〉になるために』岩波書店，2016，pp.202-214.

4）　文部科学省『小学校学習指導要領』（第1章 第2 4）2017.

5）　文部科学省『幼稚園教育要領』（第1章 第3 5）2017.

6）　文部科学省幼児教育と小学校教育の架け橋特別委員会「学びや生活の基盤をつくる幼児教育と小学校教育の接続について～幼保小の協働による架け橋期の教育の充実～（審議まとめ）」2023，pp.7-8.

表12−1　幼保小の接続の改善のポイント

	これまで	これから
目的	小学校への順応	学びの連続
内容	交流活動	カリキュラム編成
期間	数か月	2 年
実施単位	施設単位	地域単位

出典）文部科学省初等中等教育局幼児教育課「幼児教育と小学校教育の円滑な接続を図る『幼保小の架け橋プログラム』実施状況について」初等教育資料，1039，2023，p.3.

7)　無藤 隆「保幼小の架け橋に向けて─幼児教育と小学校教育の枠組みを再検討するために─」発達，173，2023，pp.2-12.

8)　湯川秀樹・山下文一監修『幼児期の教育と小学校教育をつなぐ幼保小の「架け橋プログラム」実践のためのガイド』（鈴木みゆき「架け橋を作る」）ミネルヴァ書房，2023，pp.8-11.

9)　島村直己・三神広子「幼児のひらがなの習得─国立国語研究所の1967年の調査との比較を通じて」教育心理学研究，42(1)，1994，pp.70-76.

10)　高橋 登「学童期における読解能力の発達過程─1-5年生の縦断的な分析」教育心理学研究，49(1)，2001，pp.1-10.

とも指摘し，その基盤的な活動のあり方を示す枠組みが10の姿なのだとする[7]。

　鈴木は幼保小接続を考える上での課題として「『遊びを通した総合的な指導』の下，遊ぶ中で学んでいく幼児の姿を，家庭，地域はもちろんのこと，小学校においても認識していけるか」[8]をあげている。

　無藤や鈴木が指摘するように，「学びの連続」を考える上で「学び」や「遊び」のとらえ方が幼保と小学校で異なる点に難しさがある。子どもたちを受け入れる保育者と教師が，子ども自身がそれぞれの場で何を「遊び」「学んでいる」のかを共有する作業が大切になる。系統立てた学びへの適応は児童期の課題だが，小学校では，子どもは様々な活動と経験から入学前に既に学びがあると知り，その学びをカリキュラムに活かすことが重要である。保育者は就学前施設での遊びの意味や意義についてエピソード等を通じて言語化し，小学校へ伝えていく試みが必要とされるのではないだろうか。

3　幼児期後期から児童期前期の言語と思考の発達

　幼児期後期から児童期前期における言葉の育ちの特徴として，読み書きの習得と読み書きの習得に伴う「二次的ことば」の育ちがある。

　幼児期の言葉は「聞くこと」・「話すこと」が中心であり，「幼児期の終わりまでに育ってほしい姿」における文字の扱いは「関心・感覚」を育てることとされている。しかしながら，文字が豊富にある社会で育つ子どもたちは教えられる前から自発的に文字を読んだり書いたりする（図12−1）。就学前にはひらがなの清音が読め，自分の名前が書ける子どもも多い[9]。

　小学校1年生から文字の学習が始まり，教科書を読みノートを書くことを覚える。高橋は，読みの速度と読解力の縦断研究を行っている[10]。早くからかな文字が読める子どもたちは1年生の頃から読みの速度が速く理解も進んでい

図12－1　トイレットペーパーの芯が入った箱
注）「といれっとぺーぱ」と書かれている。「と」の文
　　字が鏡文字になっている。

るが，3年生頃になると早期に文字が読めることの影響が消える。この結果か
らは早くから読めることには意味がないともいえるし，3年生頃までは個人差
が大きいともいえるだろう。

　岡本は，言葉を「一次的ことば」と「二次的ことば」に分け，言葉から見た
幼児期から児童期の移行の難しさを指摘している[11]。「一次的ことば」は幼児
が保護者や保育者といった自分と文脈を共有しわかってくれる人と話す時に使
われる言葉である。不完全でも一言でも大人が言葉の裏にある意味や意図を読
み取り応答する。一方で，「二次的ことば」はテレビのニュースや新聞の記事
等，不特定多数の人に伝える際に用いられる。話し手と聞き手が文脈を共有し
ていないため，話し手は順序だてて自分の話したい，伝えたい内容が伝わるよ
うに考えて話す必要がある。書き言葉は長く残り，誰にでも読まれる可能性が
あるという意味で「二次的ことば」である。教室での発表や敬語の学習等を通
じ，場にふさわしい語の選び方，言葉遣いを学んでいく。学校教育の中で言葉
が質的に変化していく。

　児童期前期はピアジェの認知発達段階では具体的操作期（p.20〜参照）にあ
たる。具体的操作期は前操作期とは異なり，論理的な思考や推論が可能にな
る。保存の概念（量や長さ，数は，形が変化しても加えたり減らしたりしない限り変
化しないことを理解する）を獲得し脱中心化（自己中心的思考から脱却する）が起
こり，他者の視点に立ち物事を理解していく。

　また，事物間の階層や包摂の理解もこの時期に進む。例えば，木で作った茶色
と白色のビーズを使い，首飾りを木のビーズで作った場合と茶色のビーズで作っ
た場合，どちらが長くなるか判断させる課題がある。具体的操作期の子どもは，木
のビーズは茶色と白色両方を含むので木のビーズの方が長くなると判断できる。

　具体的操作期は，上記のような論理的思考が具体的な対象であれば可能だと
いう特徴と限界がある。大人にとって「2」は抽象的な記号の1つだが，この

11）岡本夏木『こと
ばと発達』岩波書店，
1985, pp.50-69.

時期の子どもは「りんごが２個」、「棒が２本」等、具体物を思い浮かべて「２」という数を理解している。思考形式が内容（現実の具体物）に依存しており、現実と異なる仮定や可能性を想像し考えることは難しい。

児童期前期、特に小学校低学年は具体的操作期に入ったばかりであり、論理的思考が不十分な場合もある。岡本は、小学１年生の女児が100円を持っているのに60円の消しゴムを買えないというエピソードを紹介している[12]。女児は数を数えられるし100は60より大きいと知っているが、60が100の中に含まれるという（木のビーズの中に茶色と白色のビーズが含まれるような包摂関係）理解がなく、誤りが生まれている。

一方、幼児期後期の子どもたちは、児童期の学習や対人関係に必要な力の萌芽がみられる時期である。

12）岡本夏木『小学生になる前後 五〜七歳児を育てる』岩波書店、1995、pp.159-169.

事例12－2　鶴を折る（年長児）

　自由遊びの時間、年長児と先生が机に集まって折り紙で鶴を折っている。子どもたちは先生にでき上がった鶴を渡し、先生は鶴に針で糸を通し吊り下げられるようにしている。Ａ児は袋にした四角形を開いて菱形にする折り方がわからず、何度も試みるが上手くいかない。そばにいて同じように鶴を折っているＢ児が「そうじゃない」と言ってＡ児の折り紙をとり、片面だけ折ってＡ児に渡す。Ａ児が間違えるとＢ児は「ちがう」と言って少しだけ折り方を示して、またＡ児に返す。Ｃ児は鶴を折っている友だちを見ながら折る。時々「こう？」と折り方を友だちに確かめながら折り進めている。

13）森口佑介「実行機能の初期発達、脳内機構およびその支援」心理学評論、58（１）、2015、pp.77-88.

14）Moriguchi, Y., Lee, K., & Itakura, S., Social transmission of disinhibition in young children, *Developmental Science*, 10(4), 2007, pp.481-491.

15）ミシェル, W., 柴田裕之訳『マシュマロ・テスト 成功する子・しない子』早川書房、2017、pp.41-57.

教授行動は、相手の技量や意図の理解が重要となる。人を真似る場合でも、自分の状態を把握し、友だちと比較し確認する行動が必要である。

ある目標に向けて、自分の行動を調整する能力は実行機能の育ちと関係がある。実行機能は「目標指向的な、思考、行動、情動の制御能力」と定義されるが、実行機能のとらえ方は研究者によって異なり、一つに定義することは難しい[13]。実行機能には情動面と認知面、両方の制御が関わり、心の理論の発達とも関係があるとされる。森口は色または形で分けることができるカードを使い分類基準をスイッチさせる課題（例えば、今まで行っていた色の属性を抑制して形で分ける）を実施した。ここでは、実験者は子どもの前で色、または形の属性でカードを分けた後、子どもに実験者が分けた属性とは異なる属性で分けるように求める。３、４、５歳児を比較すると、３歳児は実験者が分けた属性を抑制し、新しい属性を使うことが難しかったが、５歳児ではそのような誤りはみられなかった[14]。

情動面での制御の発達において「マシュマロ・テスト」といわれる有名な実験がある[15]。子どもに目の前にあるマシュマロを食べないで我慢すればもう１つもらえるという指示を出し、大人がいない場面で我慢できるかを調べる。

２，３歳児ではうまくいかないが，５，６歳児になるとマシュマロを見ないように工夫する等して，食べたいという気持ちを制御することができる。さらに児童期になると「もし○○したら」と将来を考え，今とるべき行動がとれる。

事例12－２のＣ児のように自分の行動に自分で注意を向け考える力はメタ認知の萌芽といえよう。メタ認知とは「認知についての認知」であり，自分の行動をモニターし，適切にコントロールすることである。藤村は，メタ認知発達の節目として４歳頃の心の理論の発達とともに現れるメタ表象（表象と現実の関係自体を意識化する）と，９歳から10歳の児童期におこる脱中心化，プランニングの発達をあげている[16]。

児童期前期は，認識の面では様々な賢さをもち，幼児期とは異なった認識があるが，幼児期の特性を残し個人差も大きい。時間割通りに行動する，科目ごとに教室を移動するといった，学校への適応も課題となる。信頼できる先生や親しい友だちと一緒に，具体物を使った経験を通じて自分で実感できる学びを積み重ねていくことが重要となる。

16）三宮真智子編『メタ認知 学習力を支える高次認知機能』（藤村宣之「知識の獲得・利用とメタ認知」）北大路書房，2008，pp.39-44.

4　ルールや善悪の理解，道徳性の発達

幼児期後期から児童期前期にかけては，社会への適応が課題であると第１節で述べた。社会は人同士の関わりから成立し，関係性を維持するために様々な慣習がある。子どもは慣習や社会のルールを学び，それを内面化していく。道徳性や道徳的判断は児童期を通じて発達する。道徳は外から強制される法律とは異なり個人の内面が問題とされ，破った場合には罪悪感等の感情が生じる。

道徳性の発達は善悪の判断を行う認知面，他者のためになる行動を行う等の行動面，共感や同情，罪悪感等の情動面という３つの側面から主に研究されてきた。ここでは，ルールの理解や善悪判断という認知面の発達をみていく。

次の事例からは，カードをとられてくやしくても自分の気持ちを調整し，ゲームのルールを理解し守る様子がわかる。

事例12－３　楽しくカードゲーム（年長児）

年長の女児４人がカードゲームをしている。トランプの神経衰弱のように伏せたカードを１回に２枚開いて，同じ服装をしているクマが出てきたらそのカードが取れるというルールのようだ。１人がカードをきって机にまんべんなく伏せて並べ，じゃんけんで順番を決めゲームを始める。順番を間違えたり，ルール破ったりせず，４人とも楽しそうにゲームをしている。Ｄ児は，さっき自分が開いたカードを次のＥ児にとられて「とられたー」とくやしそうに言う。Ｅ児は「だってＤちゃん，ここにおいたもん」と応答する。

表12－2　コールバーグの道徳性の発達段階

	段　階	特　徴	図式にすると
前慣習的水準	第1段階：罰の回避と服従志向	正しさの基準は外部（親や権力を持っている人）にあって，罰せられるか褒められるかが正しさを決定する。	親など ↓ 私
	第2段階：ギブアンドテイク道具的互恵主義志向	正しいこととは，自分の要求と他人の要求のバランスがとれていることであり，「～してくれるなら，～してあげる」といった互恵関係が成立すること。	私 ⇄ 親など
慣習的水準	第3段階：よい子志向	グループの中で自分がどう見られているのか，どういう行動が期待されるのかが正しさの基準になる。つまりグループの中で期待される行動をとることが正しいことである。	私 他人 他人
	第4段階：法と社会秩序志向	個人的な人間関係を離れ，社会生活の中で，あるいは法が治める中で，どのように生きていくか考えることができる。正しさの基準は，社会システムの規範に合致することである。	法や社会システム 私 他人 他人
脱慣習的水準	第5段階：社会的契約と法律的志向	社会システムの中で生きながら，かつ社会システムの矛盾を見出し，それを包括するような視点を提起できる。	法や社会システム 私 他人 他人
	第6段階：普遍的な道徳	正義（公平さ）という普遍的な原理に従うことが正しいことであり，人間としての権利と尊厳が平等に尊重されることが道徳的原理となる。	法や社会システム 私 他人 他人

出典）荒木寿友『ゼロから学べる道徳科授業づくり』明治図書，2017，p.123.

＊1　マーブルゲーム：日本のおはじきのような遊びで，四角が描かれた地面にマーブル（玉）を置き，別のマーブルを投げて四角の囲いから出し，自分のものにして，集めたマーブルの数を競うゲーム。

17）ピアジェ，J.，大伴 潔訳『道徳性判断の発達心理学』同文書院，1957，pp.1-265.

ピアジェはマーブルゲーム*[1]のルールについて子どもに尋ね，ルール理解の発達を調べている。玉を動かす物理的な面白さを中心に考え，ルール自体を意識できない段階から，ルールを絶対視する段階，ルールはその時々で変更可能だと考える段階へ変化するとした[17]。

ピアジェはまた，子どもを主人公にした物語を幼児から児童に聞かせ，善悪判断の発達段階を調べている。動機は悪い（いたずらやつまみ食い）が被害は軽い（皿を1枚割った，服に小さい穴を空けた）場合と，動機は善い（お手伝いをしようとした等）が被害は重い（皿を10枚割った，服に大きい穴を空けた）2つのパターンがあり，どちらの主人公が悪いか判断させる。幼児期の子どもは被害が重い場合に悪いと判断する結果論的な見方だが，児童期半ばになって動機を重視した動機論的判断へと移行する。

道徳性の発達理論として最も影響力のある理論はコールバーグ（Kohlberg, L., 1927-1974）が提唱したものである。彼は「ハインツのジレンマ問題」*[2]を

対象者に聞かせ，「ハインツはそうすべきだったか。どうしてそう思うのか」と尋ね，対象者の答えと理由付けに注目し，3段階6水準からなる道徳性の発達段階（表12-2）を考案した。

　直接的，具体的な「私」と人の関わり（保護者の権威）から，法やシステムという今ある慣習の中に「私」が位置付けられ，慣習を外から見て可能性を仮定し考える「私」へと「私」の位置付けが変化し，道徳的判断が発達していく。

　コールバーグの道徳性発達段階において，幼児期後期は前慣習的の水準とされ，道徳的判断は未発達のようにみえる。しかし情動面では共感や相手を助ける行動は乳幼児期から観察され，罪悪感や恥といった道徳的感情も2，3歳頃には出現する。

　身近な人や友だちへの共感や思いやりという具体的で情動的な道徳性を，公平や平等，正義といった抽象的で客観的な倫理感，道徳性へと育てていくことは，学校教育における道徳の目的の一つであろう。

　謝辞　本章で取り上げたエピソード「鶴を折る」「楽しくゲーム」，図12-1の写真は名古屋柳城短期大学附属三好丘聖マーガレット幼稚園で行った観察で得られたものである。園と園児の皆さんに感謝いたします。

●参考文献

有光興記・藤澤 文編著『モラルの心理学　理論・研究・道徳教育の実践』北大路書房，2015.

上淵 寿編著『情動制御の発達心理学』ミネルヴァ書房，2021.

長谷川真里『子どもは善悪をどのように理解するのか？　道徳性発達の探究』ちとせプレス，2018.

村井潤一編『発達の理論をきずく（別冊発達4）』ミネルヴァ書房，1986.

文部科学省YouTubeチャンネル『幼児期の終わりまでに育ってほしい姿を架け橋プログラムで活用するために』（解説者 白梅学園大学名誉教授 無藤 隆）

森口佑介『自分をコントロールする力　非認知スキルの心理学』 講談社，2019.

渡辺弥生『子どもの「10歳の壁」とは何か？　乗りこえるための発達心理学』光文社，2011.

＊2　**ハインツのジレンマ問題**：ハインツは病気の妻を救うため高価な薬を必要としている。様々な手段を試みるが，どうしても代金を工面することができない。絶望的になった彼は薬を盗んでしまう。

コラム　　保育における就学前教育と小学校への接続 ─３つの資質と10の姿─

　年長さんの年明け１月頃からは，小学校の話題で盛り上がります。「ランドセル買ってもらった」，「私は○○小学校，Ａちゃんは何小学校？」，「小学校に行ったら勉強するねん」等と，未知の世界である小学校生活への期待に胸を膨らませる様子が見られます。誕生からの６年間である乳幼児期は，決して小学校に入るための準備期というものではなく，長い人生の始まりの時期，人間としての基盤づくりの時期です。みなさんは，この始まりの時期を子どもたちがどのように過ごし，どのように育ってほしいと思いますか。

　国では，「幼児教育を行う施設として共有すべき事項」として，保育所，幼稚園，認定こども園のどこに通っていても，幼児期の子どもたちの保育において共通の目標をもって保育にあたっています。それは「育みたい資質・能力」として示されています。ここでは保育所保育指針〔第１章４（１）ア〕から引用します。

　（ア）　豊かな体験を通じて，感じたり，気付いたり，分かったり，できるようになったりする「知識及び技能の基礎」
　（イ）　気付いたことや，できるようになったことなどを使い，考えたり，試したり，工夫したり，表現したりする「思考力，判断力，表現力等の基礎」
　（ウ）　心情，意欲，態度が育つ中で，よりよい生活を営もうとする「学びに向かう力，人間性等」

　　＊幼稚園教育要領，幼保連携型認定こども園教育・保育要領にも同様の内容の記載があります。

　これらの資質・能力が，保育所保育指針解説では「遊びを通した総合的な指導の中で一体的に育むよう努めることが重要」〔第１章４（１）〕と記されています。これらの資質・能力が育まれる具体的な子どもの姿が，「幼児期の終わりまでに育ってほしい姿」として10の姿が示されています（健康な心と体，自立心，協同性，道徳性・規範意識の芽生え，社会生活との関わり，思考力の芽生え，自然との関わり・生命尊重，数量や図形，標識や文字などへの関心・感覚，言葉による伝え合い，豊かな感性と表現）。一人一人の子どもにとって大きな環境の変化となる保育から学校教育への移行を円滑にするためには，乳児期からの園生活での様々な体験の積み重ねによりこれらの姿が見られるようになり小学校での生活へとつながっていくことを，園と小学校とで共有することが求められます。

第13章 発達の気がかりな子どもの理解
──子どもの育ちの理解とアセスメント

近年の子どもの育ちについて，様々な課題が指摘されている中，その要因として社会情勢の急激な変化と子ども自身の特性である発達障がい，及び「気がかりな子」への対応の難しさがあげられる。発達の「気がかりな子ども」の支援を行っていく上で，保育者（幼稚園教諭・保育士・保育教諭をいう）の対応力の向上が求められている。発達障がいについての知識を深め，適切にアセスメントを行い，見立てを立て，子どもにとって過ごしやすい環境をつくっていくことが大切である。

事例13-1　もうすぐ小学生！

4歳児のX児は，「開けたり閉めたり」といった繰り返しの動作を好んでいる。保育室のカーテンを開けたり閉めたり，電灯のスイッチを付けたり消したり，ピアノのふたを開けたり閉めたりするのが毎日の日課である。それはいつ始まるかわからない。例えば午睡の時に急にカーテンを開けたり閉めたりすると，他の子たちは「またX君や」「もうやめて～」と，X児の行動に対して否定的な目を向けるようになってきた。保育者も「今は寝る時間だからカーテンは開けないの」と毎日必死で諭す。ある時，園長先生にその様子を相談したところ，X児に，開けたり，閉めたり，付けたり，消したりする「係」を任せることにしてはどうだろうということになり，クラス全員にそのことを提案した。「カーテン係」を任命されたX児に，「今からお昼寝なので，カーテン閉めるのお願いします」「次に開けるのはお昼寝が終わってみんなが起きる時ね」と言うと，「わかった！」と責任をもって担当してくれるようになった。

子どもの行為には必ず意味がある。同じことを繰り返す行為は心の安定を求める表現とみることもできる。X児の行為を肯定的に受け止め，気持ちの安定を図る関わりが求められる。第13章では，発達の「気がかりな子ども」や育ちに課題のある子どもの発達理解と援助のあり方について理解を深める。

1 関係の中で生まれる子どもの育ち
―子どもの育ちの気がかりとその背景―

　乳幼児期の子どもは，心身の発育・発達が著しく，人格の基礎が形成される時期である。子どもたちの健やかな育ちを保障するためには，心身ともに安定した状態でいることのできる環境と，愛情豊かな大人の関わりが求められる。毎日の生活の中で，保護者や保育者，地域の人等が，子どもと様々な形で関わることで（話し掛け，絵本を読む，歌を歌う等），子どもの共感する力，コミュニケーション力，好奇心，自立心，自己コントロール力等が育っていく。

　しかし，近年の子どもの育ちについて，基本的な生活習慣や態度が身に付いていない，人との関わりが苦手，自制心やルールを守ろうとする意識がうまく育っていない，運動能力が低くなっている等の課題が指摘されている。

　その背景として，少子化・核家族化の進行による子ども同士での集団遊びの減少，近所付き合いの疎遠化，保護者の労働時間増加による子どもと過ごす時間の減少，育児ストレスによる保護者の孤立感・情緒不安定等，地域社会や家庭における急激な環境の変化により，周囲の大人が子どもとゆとりのある関わりが難しい状況があげられている[1]。

　また，環境面の変化だけでなく，子どもの特性として自閉スペクトラム症（ASD：Autism Spectrum Disorder），注意欠如・多動症（ADHD：Attention-Deficit Hyperactivity Disorder），学習障がい（LD：Learning Disorder）・限局性学習症（SLD：Specific Learning Disorder）等のいわゆる「発達障がい」も要因として考えられる。文部科学省が発表した調査結果[2]によると，通常の学級に在籍する小中学生の8.8％に学習や行動に困難のある発達障がいの可能性があるとしており，その前段階である就学前施設（幼稚園，保育園，認定こども園をいう）の乳幼児にも一定数の割合がいると推測される。加えて，保育・教育領域では，明確な診断はされていなくても，集団になじみにくい，感情のコントロールが難しい子ども（気がかりな子ども）も含めればさらに割合は増えるであろう。

　このような現状から，保育者には，子どもの育ちを巡る環境の変化に対応する力，特別な配慮を要する子どもに対応する力等が求められている。

1）　文部科学省中央教育審議会「子どもを取り巻く環境の変化を踏まえた今後の幼児教育の在り方について（答申）」（第1章　第4節　子どもの育ちの現状と背景），2005.

2）　文部科学省「通常の学級に在籍する特別な教育的支援を必要とする児童生徒に関する調査結果について」2022，p.4.

2　発達障がいとグレーゾーン

近年，「発達障がい」という言葉がメディアや教育・保育の現場でも多く取り上げられ，行政はじめ社会全体で障がいへの理解や支援の輪が広がりつつある。保育所保育指針，幼稚園教育要領等でも，障がいのある子どもが，保育者による適切な指導計画・関わりの中で他の子どもと共に成長していくことが重視されている。

保育所保育指針〔第1章 3（2）キ〕における障がいのある子どもへの対応と理解について

　障害のある子どもの保育については，一人一人の子どもの発達過程や障害の状態を把握し，適切な環境の下で，障害のある子どもが他の子どもとの生活を通して共に成長できるよう，指導計画の中に位置付けること。また，子どもの状況に応じた保育を実施する観点から，家庭や関係機関と連携した支援のための計画を個別に作成するなど適切な対応を図ること。

幼稚園教育要領（第1章 第5）における障がいのある子どもへの対応と理解について

1　障害のある幼児などへの指導

　障害のある幼児などへの指導に当たっては，集団の中で生活することを通して全体的な発達を促していくことに配慮し，特別支援学校などの助言又は援助を活用しつつ，個々の幼児の障害の状態などに応じた指導内容や指導方法の工夫を組織的かつ計画的に行うものとする。

「発達障がい」とは，生まれつき脳（中枢神経系）の機能的な問題に関係する障がいで，認知，運動，社会性等の発達の仕方に偏りが生じる。その症状は，物事のとらえ方や行動が周囲と大きく違うことで現れ，それによって日常生活に困ったことが生じやすくなる。また，目に見えてわかる障がいではないため，生まれてすぐに診断されることはなく，一般的に3歳頃から特徴的な言動が現れるので，この年齢の頃から診断が可能なケースも出てくる。そういった意味では，保育者は発達障がいを発見しやすい立場である。発達障がいについての正しい知識を習得し，エビデンスに基づいて子どもの様子を観察することが求められる。

（1）自閉スペクトラム症（ASD）

自閉スペクトラム症は自閉症，アスペルガー症候群等をまとめた診断名である（図13-1）。自閉スペクトラム症の特性は，「社会的コミュニケーション（言動や対人コミュニケーション）の難しさ」「限定された興味やこだわり（限局され

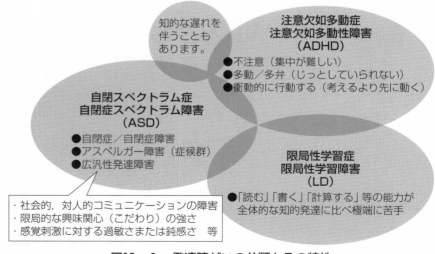

知的な遅れを
伴うことも
あります。

注意欠如多動症
注意欠如多動性障害
（ADHD）
●不注意（集中が難しい）
●多動／多弁（じっとしていられない）
●衝動的に行動する（考えるより先に動く）

自閉スペクトラム症
自閉症スペクトラム障害
（ASD）
●自閉症／自閉症障害
●アスペルガー障害（症候群）
●広汎性発達障害

限局性学習症
限局性学習障害
（LD）
●「読む」「書く」「計算する」等の能力が
全体的な知的発達に比べ極端に苦手

・社会的，対人的コミュニケーションの障害
・限局的な興味関心（こだわり）の強さ
・感覚刺激に対する過敏さまたは鈍感さ　等

図13−1　発達障がいの分類とその特性
出典）佐賀県発達障害者就労支援センター〜Sky〜　https://www.shien-sky.com/dd.html

*1　DSM−5：アメ
リカ精神医学会（APA）
が作成している「精神
疾患の診断と統計のた
めのマニュアル第5版」
のこと。

3）森 則夫，他編著
『臨床家のための
DSM−5虎の巻』日本
評論社，2014，p.41.

た反復的な行動）」の2つである（DSM−5*1による）。コミュニケーションの難
しさには，言葉の裏の意味をくみ取ったり，日常的な会話が苦手，オウム返し
等がある。こだわりには，例えば，園までの通園路を道路工事等で変えるとパ
ニックになる。感覚過敏がある場合，製作に使用するのりの触感を嫌がった
り，大きな音を嫌がって耳をふさいだりする。

DSM−5によると日常生活に必要な支援を以下の基準に分類している[3]。

①**レベル1**（軽度）：日常生活に支援を要する。
②**レベル2**（中度）：日常生活に多くの支援を要する。
③**レベル3**（重度）：日常生活にきわめて強力な支援を要する。

（2）注意欠如・多動症（ADHD）

注意欠如・多動症は同じ年齢の子どもに比べて，不注意，多動性，衝動性の
3つの特性が著しく目立つ行動の障がいである。脳（中枢神経系）の機能不能
が原因で，およそ7歳以前に発症する（表13−1）。

表13−1　注意欠如・多動症（ADHD）の特徴

① **不注意**：集中し続けることが難しい，必要なものを忘れやすい・失くしやすい，時間や期限，約束を忘れやすい，整理整頓が苦手，課題をやり遂げることができない，人の話を聞いていないなど。

② **多動性**：手足をそわそわ動かしている，教室などで席を離れる，じっとしていられない，しゃべりすぎるなど。

③ **衝動性**：質問が終わる前に答える，順番が待てない，自分の番を待たずに思いついたらしゃべる，他人を妨害，邪魔をするなど。

出典）池田 健『ICD-11・DSM-5 準拠 新・臨床家のための精神医学ガイドブック』金剛出版，2022，p.92を参考に著者作成

　子どもに落ち着きがない，集中力がない場合，すぐに注意欠如・多動症と考えず，他の場合も想定する。家庭環境が影響する愛着の問題，あるいは目の前の行動（例：お絵描き）が苦手で集中できない場合も考えられる。愛着の問題と注意欠如・多動症では，対応が異なるため，子どもをよく観察し，子どもの背景にも思いを巡らせる必要がある。

（3）学習障がい（LD）

　学習障がい（LD）とは，「基本的に全般的な知的発達に遅れはないが，聞く，話す，読む，書く，計算する又は推論する能力のうち特定のものの習得と使用に著しい困難を示す状態を指すものである」[4]と定義されている。

　学習障がいの原因として脳（中枢神経系）に何らかの機能障害があると推測される。そのため，読み，書き，計算等の困難さは，単に苦手である，やる気がない，怠けているということではない。例としてはドリルを繰り返し意識的に頑張って練習してもできない様子が見られる場合等である。

　幼児は，読み書きを机に座ってすることが少なく，小学校に入学して初めて学習障がいがわかることも多い。しかし，幼児期に文字や数字に興味がない，洋服や靴の左右を頻繁（ひんぱん）に間違える，年齢にあった絵が描けない等の様子が見られた場合，学習障がいの可能性を考慮する必要がある。

　また学習上の障がいについて，医学的な診断基準として「限局性学習症（SLD）」と記されることがある。教育領域での「学習障がい（LD）」の定義，医学領域での「限局性学習症（SLD）」の定義を表13−2にまとめた。限局性学習症（SLD）の定義は，障がいの内容が，「読む」，「書く」，「計算する」に限られる。

4)　日本ＬＤ学会編『LD・ADHD等関連用語集　第4版』日本文化科学社，2017.

表13-2 「学習障がい」と「限局性学習症」の用語の整理

用語	学習障害	限局性学習症
出典	文部科学省	DSM-5（2013）
定義	教育領域	医学領域
項目	読む 書く 計算する 推論する 聞く 話す	読字 書字 算数 コミュニケーション障害に分類

出典）日本LD学会編『発達障害辞典』丸善出版，2016，p.34を参考に筆者作成

（4）発達障がいのグレーゾーン

　発達障がいのグレーゾーンとは，発達障がいの特性や傾向はみられるものの，医学的な診断基準を満たさないために，診断されるに至らない状態を指す言葉である。前述の通り，発達障がいは目に見える障がいではないため，成人してから診断されることも多くある。そのため，保育現場で近年注目されている「気がかりな子ども」も，診断はついていないが発達障がいのグレーゾーンである場合も考えられる。

③ 「気がかりな子ども」の理解と支援

　「気がかりな子ども」を支援するためには，まず適切にアセスメントを行う必要がある。アセスメントとは，対象（及びその家族等も含む）が抱える課題や問題等を明確にし，問題解決の方針や方法を決定・修正していくプロセスのことである。保育者は，日々の保育を通して子どもの理解に努め，個々の子どもがもつ様々な課題に対して，自身の指導経験や培った知識を用いて対応の仕方を考えている。そういった意味では，保育者は普段からアセスメントを行っているといえるだろう。しかし，「気がかりな子ども」の場合は，他の子どもと比べて，行動のパターンが異なる上に個人差も大きいため，子どもを理解する上で困難が生じやすい。そのため，発達障がいについての知識を深めることが，そのような子どもの言動を理解するのに大変役立つだろう。

　発達障がいの知識を深めることで，保育者は見立てを立てられるようになる。見立てとは，仮説を立てることである。具体的に説明すると「あの子はいすにじっと座れないといった行動が多いから，ADHDの傾向があるかもしれない」と仮説を立てることである。このように発達障がいの可能性を頭に入れておく

ことで，子どもの理解のヒントとなるのである。

　ただし，見立てをする上での注意点として，あくまでも仮説であり，決め付けは決して行ってはならない。保育者の視点から決め付けることなく，常に子どもの立場に寄り添うように心掛けるべきである。

（1）支援の方法—環境調整—

　「気がかりな子ども」がクラスにいると，そのクラス担任の保育者は，「気がかりな子ども」だけでなく，クラスの他の子どもを含めた全体に配慮した保育が求められる。就学前施設で保育する際，保育者1人当たり3歳児クラスでおおむね15名，4，5歳児クラスでおおむね25名（児童福祉施設の設備及び運営に関する基準 第33条2項），幼稚園では35名以下（幼稚園設置基準 第3条）となる。「気がかりな子ども」がクラスに2，3名いると，保育者1人では十分に対応できないことがある。

　「気がかりな子ども」とは，他者とのやり取りがうまくいかず，どうしたらよいか困っている姿を思い浮かべやすい。保育者は，「気がかりな子ども」に発達の偏りがありことを認識し，どのような部分で困っているのかを具体的に観察し，理解することが大切である。その観察と理解が適切な支援へとつながる。

　事例13-1にあるように，「気がかりな子ども」の興味，普段の行動を観察し，その結果に基づいて環境を調整する必要がある。

　以下の事例から観察や具体的な援助について考えてみたい。

事例13-2　環境を整えれば大丈夫—こだわりの強いA児への援助例

　A児（5歳）は登園バッグを決められた場所に置けず，いつも違う幼児の棚や床に置いてしまう。保育者は「いつも同じことを説明しているのに従ってくれない」，周囲の幼児は「A児はルールを守らない子」との印象を抱いてしまっていた。しかし，注意深く観察していると，A児が登園バッグを置いてすぐに大好きな遊具に向かうことがわかってきた。そこで，保育者は見立てを立てて，大好きな遊具でいち早く遊びたいがために登園バッグを適当に置いてしまうと考えた。そこで，A児の興味・関心のあるサッカーボールの絵を描き，棚に貼ったところ，A児は絵をまずは見つけるようになり，自分の棚に置く回数が増えた。

　A児のように，強いこだわりによる行動は，子ども自身の意思では止めることができないと理解し，保育者は支援として，それに合わせた環境を整えることが求められる。A児の行動を「困った行動」ではなく，行動を通じてA児が何を訴えているのかを理解する。

日々の「気がかりな子ども」の保育に対してもっておくべきポイントは2点である。

① **一般的な子どもの発達を把握しておく**：言葉の発達であれば，1歳頃に一語文，1歳半で二語文等である。これらの発達を把握しておくと，目の前の子どもの発達の偏りを知ることができ，より適切な支援ができる。

② **興味・関心，得意なことを見出し，伸ばす**：事例13-1のX児のように，興味・関心にあった能力を見出し，それに合った環境を整えることが大切である。

診断名は周囲の大人が「共通認識」をもつためには役立つが，子どもの言動を理解するための手がかりに過ぎない。明確な診断名がつくことで，子どもの言動のとらえ方を固定化してしまう危険性がある。診断のあるなしにかかわらず，子どもは一人一人違うことを踏まえて，ありのままを見つめてほしい。

（2）できることに目を向けた支援

「気がかりな子ども」に対しては，できることや得意なことに注目する。それらを効果的に伸ばすことで，よりよい生活を送ることができる。保育者は具体的な援助を考えていく上で，その子がどういう力をもっているのか，何につまずいているのか，例えば「友だち関係はどうかな」「行動面で課題はないかな」「運動面で困っていないかな」「周囲とのコミュニケーションはできているかな」と具体的な生活場面を想像し，観察してみる。

事例13-3　周りの援助があれば大丈夫　グレーゾーンのB児への援助例

日々の保育室での活動において少し不注意があり，保育者の話を時々聞き漏らしているB児。診断名がついたり，専門的なアセスメントが必要というほど困っているわけではない。総合的にみると発達障がいのグレーゾーンが疑われる。このB児は，普段の園生活から話を聞き漏らすと，周囲の友だちが自然と声を掛けてくれ，B児はそれを素直に「ありがとう」と言って，教えてもらったり，手伝ってもらったりする。保育者は「愛されキャラのBちゃん」ととらえている。指示の聞き漏らしがあっても，それを埋め合わせする環境があれば困らない。

例えば注意欠如・多動症の特性がある子どもは，すぐに成果を求める傾向がある。そのため，コツコツ努力を積み重ねていくことや過去の経験を思い出し，「前はこうだったから，今度はこうしてみよう」と結果を予測することが難しい。しかし，状況に合わせて，どう行動すべきかは理解していることがある。つまり，「わかっているが，できない（やめられない）」。落ち着けば，自分のしたことを振り返り，考えることができる。自分がもっている知識と，実際のふるまう行動にギャップがあるため，本人は苦しくなることがある。

注意欠如・多動症への行動介入では，主に保護者が学ぶ「ペアレント・トレーニング」*²が効果的である。ペアレント・トレーニングを実施することにより，保護者は養育スキルを習得することで子育てストレスの減少，子どもは適応的な行動の習得が期待される。

＊本章では，本文中において「障がい」を使用しているが，文部科学省，厚生労働省，日本LD学会が用語として「障害」を使用している場合，また図表等の引用元が「障害」を使用している場合には，そのままの表記とした。

● **参考文献**

田中康雄『「発達障害」だけで子どもをみないで そのこの「不可解」を理解する』SB新書，2019.

藤原里美『多様な子どもたちの発達支援 園内研修ガイド』学研，2015.

＊2　**ペアレント・トレーニング**：保護者が，ロールプレイや演習により，子どもとの関わり方のスキル（子どもの好ましい行動，好ましくない行動，問題行動等への対処）を学ぶトレーニング。日常生活において保護者が，習得したスキルに基づき，子どもに適切に関わることにより，子どもの問題行動が減り，適応的な行動に変容していく。

出典）日本発達障害ネットワークJDDnet事業委員会『ペアレント・トレーニング実践ガイドブック』2019, p.9.

コラム　　インクルーシブ保育

　事例13-1にもあるように，子どもの発達には個人差があり，また特性や課題を有している子どももいます。就学前施設では多くの保育者が，どうすれば子ども一人一人に応じた関わりができるか，日々，子どもと向き合いながら保育が展開されています。

　インクルーシブ保育という言葉を聞いたことはあるでしょうか？　インクルーシブ（inclusive）とは「包括的な」「包み込む」という意味があります。インクルーシブ保育は「障がい児保育」や「特別支援教育」と同じように感じるかもしれません。しかしインクルーシブ保育は障がいのみならず，子どもの国籍や人種，家庭の経済事情，宗教等，あらゆる違いを包み込み，保育を行うという意味なのです。インクルーシブ概念が誕生した背景には，ノーマライゼーション理念が根底にあります。デンマークのバンク-ミケルセン（Bank-Mikkelsen, N.E., 1919-1990）[*1]が提唱したノーマライゼーション理念は，全ての人が地域社会で普通に生活できる社会づくりを提唱したもので，今日の福祉の基本的考えになっています。その考えを背景に，全ての子どもが保育の場で共に育ちあうことがインクルーシブ保育です。

　2006（平成18）年12月の国連総会において「障害者の権利に関する条約」[*2]が採択され，2008（平成20）年5月に発効しました。日本は2007（平成19）年9月にこの条約に署名し，2014（平成26）年1月に批准しました。日本は条約に署名をした後，この国際条約を批准するために，国内で様々な法整備を進めてきました。「障害者の権利に関する条約」の「第24条　教育」の第2項には以下のように示されています。

（a）　障害者が障害に基づいて一般的な教育制度から排除されないこと及び障害のある児童が障害に基づいて無償のかつ義務的な初等教育から又は中等教育から排除されないこと。

（b）　障害者が，他の者との平等を基礎として，自己の生活する地域社会において，障害者を包容し，質が高く，かつ，無償の初等教育を享受することができること及び中等教育を享受することができること。

（c）　個人に必要とされる合理的配慮が提供されること。〔（d）・（e）略〕

　日本ではこの条約に基づき法整備がなされ，インクルーシブ教育概念が構築されました。文部科学省は，共生社会の実現を目指すために，インクルーシブ教育の構築を掲げています。インクルーシブ＝包み込むということは，多様性を受け入れ認めるということです。従来の障がい児保育よりもより広い概念だといえます。就学前施設には様々な子どもがいます。発達に課題のある子どもや，虐待的環境にある子ども，国籍や文化の違う子ども等，それぞれの背景を有しています。インクルーシブ保育実践においては，これらの子ども一人一人のニーズに合った関わりが求められます。保育実践を行う際には，子ども一人一人の発達を把握し，どのような支援が必要か，その加減を考えることが保育者に求められる役割です。

＊1　伊丹昌一編著『インクルーシブ保育論』ミネルヴァ書房，2017，p.12.

＊2　外務省HP（障害者の権利に関する条約）

第14章　保護者の養育性と子育て支援

　本章は，成人期の発達と社会状況の変化が，現代の子育てにどのように関連するのかについて述べる。また，子どもを育てる保護者は社会環境や文化的な背景等から影響を受けつつ，日々子育ての悩みや不安を抱えながら未経験の出来事に向き合う現実がある。そのような背景を踏まえて，子育てにまつわる状況を解説し，理解を深めていく。さらに，子どもの発達に応じて親子を支援していく必要性から，子どもの育ちを社会全体で支えていくという視点からも述べていく。

事例14-1　いつも疲れ切っているお母さん

　4歳児のY児のお母さんはシングルマザーでフルタイムで仕事をしながら，Y児と1歳下の妹を育てている。朝夕の延長保育を利用し，登園は朝7時過ぎ，お迎えはラストの19時ギリギリである。お母さんはいつも疲れ切った様子で表情も乏しく，お迎え時にY児たちが帰る準備に時間が掛かっていると，きつい言葉で「もう知らん」と言うこともしばしばある。また，遠足のお弁当が作れずコンビニのおにぎりを持ってきたり，朝ごはんを食べないでアイスを持ってきたり，爪が伸びていたりお風呂に入ってない様子も見られる。

　Y児の担任保育者は，その様子を見ながら，お母さんが必死で仕事と子育てをしていることを理解し，コンビニのおにぎり持参の時は園の調理師におかずを作ってもらったり，保育者が爪を切ったりする支援をしている。また，そのことをお母さんにも伝えるようにしている。

　仕事と子育ての両立は，時に保護者の気持ちを疲弊させ，ゆとりがもてなくなることがある。子どもへの対応の良し悪しではなく，保育者（幼稚園教諭・保育士・保育教諭をいう）は，保護者の状況や気持ちを共感的に理解し，子どもの最善の利益を考えた対応を保護者と共に考え，ゆとりと自信をもって子育てができるように支援していく姿勢が求められる。第14章では，子どもの発達と家庭養育との関連性，保護者の子育て支援の視点について考える。

1 保護者の養育性の発達

（1）人生100年時代のライフコース

　平均寿命が伸びて，人生は100年を視野に入れて生きていく時代といわれるようになってきた。長寿社会になり，発達心理学からとらえる老年期の意味は変化し，青年期，成人期の生き方も変化している。子どもを育てる保護者はその多くが成人期にあるが，人間が何歳頃に，どの発達段階に達するかは，個々の状況により個人差があるため，ここでは暫定的な年齢を記す。

1）成人期のライフサイクルと成人期の課題

　エリクソンは，個人の発達段階と発達課題を8段階で示したライフサイクル論で，20歳頃から60歳半ば頃までの成人期を成人初期，壮年期の二段階に分けて，成人期の発達課題をとらえた[1]（p.19参照）。

　成人期の発達課題は「親密性 対 孤立」と呼ばれ，就職や仕事への充実感，恋愛に至り子どもをもつ等，生活を安定させ社会的に責任をもつ時期である。

　ハヴィガーストは，人の成長には6つの段階があり，発達段階ごとの課題を提唱している（p.18参照）。壮年期（18〜30歳頃）と呼ばれる時期の課題を表14-1に示す。

表14-1　壮年期の課題

1．配偶者を選択する。	5．家庭の管理をすること。
2．結婚相手との生活を学習する。	6．仕事に就くこと。
3．第一子を家族に加えること。	7．市民としての責任を負うこと。
4．子どもを養育すること。	8．適した社会集団を選択すること。

出典）ハヴィガースト，R.，荘司雅子監訳『人間の発達課題と教育』玉川大学出版部，1995，
　　　pp.262-269.

　レビンソン（Levinson, D. J., 1920-1994）は，成人の発達は，「成人への過渡期」（17歳〜22歳）から始まり，成人の発達は生活構造の安定期と過渡期とが交互に現れ進んでいくとして，そのどちらにも発達課題があると考えた[2]（図14-1）。

　生活構造の「安定期」には幾つかの重要な選択をし，その中で自分なりの目標や価値観を追求する。「過渡期」はそれまでの生活構造を見直し，自己や外界を変えるために様々な可能性を模索することとした。

　これらの成人の発達理論にある共通性は，人が生涯のそれぞれの時期に，そ

1）エリクソン，E.・エリクソン，J.，村瀬孝雄・近藤邦夫訳，『ライフサイクル，その完結〈増補版〉』，みすず書房，2001，pp.159-162

2）レビンソン，D. J.，南 博訳『ライフサイクルの心理学（上）』講談社学術文庫，1992，p.111，pp.112-117.

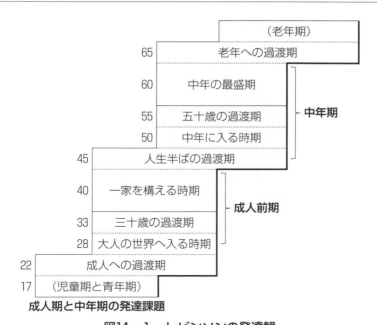

図14－1　レビンソンの発達観

出典）レビンソン，D. J.，南 博訳『ライフサイクルの心理学（上）』
講談社学術文庫，1992.

れぞれの発達段階で達成しておく課題，乗り越えるべき課題があり，成人期
は，① 新しい環境に向き合うこと，② 仕事を選びそれらを充実させること，
③ 人を慈しみ，その関係を深めていくこと，④ 新しい命を引き受けること，
である。

2）親（保護者）になること

　現代は多様な価値観を認める社会に変化しつつある中，人生の選択は多様に
なり，結婚しない，子どもをもたないという選択ができる時代でもある。

　しかし，親（保護者）になる選択をすることは，一人の命を引き受けること
である。子どもを育てることは，人が生涯の中で長い時間を掛けて行われるこ
とだが，命を育てていくということは，喜びも困難も包括的に受け入れていく
ことである。その責任の重さにストレスを感じるのは，女性も男性も同じであ
るが，特に，女性は思春期・青年期を男性と同じような自己実現に向けて歩ん
できたが，妊娠出産を機に個人としてのアイデンティティと母親としてのアイ
デンティティの葛藤が起きる[3]。妊娠，出産，育児に至るプロセスは個々によ
り異なるため，それぞれの状況に応じた個別の支援が必要とされる[*1]。

　親（保護者）になる女性，男性にとって，子育ては様々な心理的葛藤が表れ
る時期でもある。そのような不安や葛藤を少しでも和らげるよう，親（保護者）

3）岡本祐子・松下美
知子編『女性のための
ライフサイクル心理
学』，福村出版，1994，
p.36.

＊1　産前・産後に起
こりやすいメンタルの
変調についてはp.48を
参照。

になるための準備として，地域の保健所や出産施設等の両親学級で出産子育てに関する講習を開催し，様々な情報提供を行っている。昨今は，妊娠の届け出時に配布する「母子健康手帳」だけでなく「父子手帳」*²を配布している自治体も増えて，親（保護者）の養育性の発達を支える取り組みがなされている。

（2）子どもの発達を支える親（保護者）の役割

大人だけの生活は，時間的に行動的にも自由になることが多いが，まずは子どもが育つ基盤として，子ども中心の安定した生活リズムの確保が求められる。親（保護者）の役割は，子どもの身辺の世話をすることだけにとどまらず，子どもの発達に応じた働き掛けと応答を行うことが必要である。すなわち，子どもの「欲求を丁寧に読み取り」，「物事に取り組む意欲」を育て，「試行錯誤を繰り返してやり遂げる達成感」や「自信」が得られる手助け，「他者への信頼や思いやりの気持ち」を育てる等，親（保護者）と子どもの相互のやり取りの中で，子どもがもつ力を引き出し，子どもの将来を見据えて関わっていくことである。

2　子どもの発達と家庭養育との関連

子育てには正解というものがないが，子どもが育つ社会的環境は子どもの育ちに深く作用する。ブロンフェンブレンナーは，「子どもの育ちは，保護者や身近な人物，遊具や物などマイクロシステムレベルから文化習慣，価値観，社会的信念などマクロレベルに至るまで大きく影響を与える」*³と述べている。現代の様々な社会環境の変化は，保護者の価値観や生活観に反映され，保護者の子どもに対する考え方や関わり方，子どもに対する言動や態度等，家庭養育にも影響する。

＊3　ブロンフェンブレンナーは，自身の生態学的システム理論に基づき，人の発達は人と環境がそれぞれに変化し続けながら，直接的・間接的に相互作用し合うシステムの中で複雑に規定されると説明している（p.11参照）。
秋田喜代美 監修『保育学用語辞典』中央法規，2019，p.56.

（1）幼い子どもと保護者が生きる社会的状況

子育てが難しい時代になったといわれる要因として，以下があげられる。産業構造の変化に伴い人口が都市に集中し，社会の中で若い世代の占める比率が少なくなる「少子化」，保護者と子どもだけの「核家族世帯」の増加，膨大な情報が瞬時に入手できる「情報化」である。

1）少子化社会

少子化社会という言葉は1975（昭和50）年頃からいわれ始め，日本における年間の出生数は1973（昭和48）年の約210万人から2022（令和4）年は約77万人

に減少してきた[4]。

　少子化の背景には，晩婚化や非婚化という結婚に関する考え方の変化がある。他にも，保護者と子どもを取り巻く家庭環境の変化等，様々な理由が説明されている。しかし，子どもの生まれる数が少ないということは，単に人口減少の問題だけではない。子どもの数が少なくなるということは，同年齢の仲間，異年齢の仲間，多様な仲間の絶対数が減ってくることである。遊び仲間が減少するということは，遊びの内容にも変化が現れる。

2）核家族化

　現在，日本の子どものいる世帯のうち核家族世帯は約8割を占め，保護者と未婚の子どものみの生活が主となっている[5]。特に，都市部では保護者の親戚等がほとんど近郊に住んでいない等，近隣家庭との交流が希薄化している[6]。この現実は，地域の子どもたちが，保護者以外の大人と関わる機会が少なくなることでもある。以前では当たり前にあった親族や近所の人から，声を掛けてもらったり，見守ってもらったり，手助けや助言をしてもらうことが十分に得られない状況にある。

3）情報化社会・夜型化する社会

　インターネット環境をはじめとするICT（information and communication technonogy：情報通信技術）の発達は，必要な情報等求めるものが瞬時に入手できる点では便利な時代になったといえる。しかし，大人の便利さと子どもの便利さは同様ではない。子どもの発達にとって身体や五感を使って実体験を重ねることは重要であり，テクノロジーの進歩に伴いそれらの経験が難しくなっていくことを意識しておく必要がある。

　また，ICTの進歩は，保護者のライフスタイルの夜型化や労働の長時間化等，保護者の労働状況が厳しくなるあらたな課題の要因ともなっている[7]。

　これらの影響から，乳幼児の就床時刻が遅くなる，睡眠時間が不規則となる等，乳幼児の日中の活動性の低下に影響しているといわれている[8]。

（2）子育て家庭の変容

　現代の保護者たちは，保護者自身の子ども時代には既に少子化が始まっていた。保護者自身も幼少時に異年齢の仲間との関わり等の多様な経験をすることが少なく，保護者が自分の子どもをもつまでは，乳児や幼児と関わったりする経験があまりないまま，保護者になっていることが推察される。

　このような状況の中で，最も心強い身近な存在は子どもの父親である。子ど

4）厚生労働書「令和4年（2022）人口動態統計（確定数）の概況」2023.

5）厚生労働省「2022（令和4）年 国民生活基礎調査の概況」2023，p.7.

6）こども家庭庁「令和4年度 少子化の状況及び少子化への対処施策の概況」2023，p.188.

7）久保隅 綾「乳幼児を持つ共働き夫婦のICT利用と仕事と家庭の両立への影響」労働社会学研究，19号，2018，pp.20-22.

8）石井浩子・前橋 明「夜型社会の中での幼児の生活リズムと体力・身体活動量との関係」幼児体育学研究，第10巻 第1号 2018，pp.45-54.

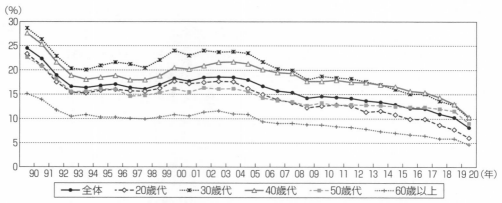

図14－2　週60時間以上の長時間労働をしている男性の割合

凡例：━◆━ 全体　－◇－ 20歳代　＊＊＊ 30歳代　－△－ 40歳代　▪▪▪ 50歳代　＋＋＋ 60歳以上

注）1．数値は，非農林業就業者（休業者を除く）総数に占める割合。
　　2．2011年の値は，岩手県，宮城県及び福島県を除く全国結果。
　　3．総務省「労働力調査」を基に作成。
　　4．2020年は，全体：8.2％，20歳代：6.1％，30歳代：10.2％，40歳代：10.4％，50歳代9.1％，60歳代：4.7％である。

出典）内閣府『令和 3 年版 少子化社会対策白書』2022，pp.25-26.

もをもつ父親が夜 8 時までに帰宅する割合の調査では，週60時間以上の長時間労働をしている男性は，どの年齢層においても，2005（平成17）年以降はおおむね減少傾向にある。しかし，子育て期にある30歳代，40歳代の男性については，2020（令和 2 ）年で，それぞれ10.2％，10.4％が週60時間以上就業しており，ほかの年齢層に比べ高い水準となっている[9]。

また，他国と比較して，就業時間が週49時間以上の男性就業者の割合は，27.3％と高い[9]。

これらの背景が，「ワンオペ育児」[*4]という言葉にあるように，母親に育児の負担が増えていることにつながる。母親が仕事をもつ場合は，仕事と育児の両立がさらに負担を増やす要因となっている。これらは，子育て期の保護者を社会全体で支えていくために個々の意識変革を促し，働き方の見直しを含む支援の仕組みを早急に考えていく必要がある。

9）内閣府『令和 3 年版 少子化社会対策白書』2022，pp.25-26.

＊4　ワンオペ育児：ワンオペとはワンオペレーションの略で，一人で主に仕事をこなす状況のことを意味することからつくられた和製英語。保護者のどちらか一方に負担が掛かっている状態を指して，ワンオペ育児として呼ばれるようになった。

3 今日の保護者の子育て不安・ストレスとその支援

（1）保護者の子育て意識と育児への負担感

社会環境が変化し，社会の価値観も多様化する中で，子育て環境も大きく変

化した。子育ての第一義的責任は，家庭にあることを前提にしつつも，就学前施設（幼稚園・保育所・認定こども園をいう）において子育てをする保護者の支援を行っていく必要がある[10]。

10）厚生労働者『保育所保育指針解説』〔第1章1（1）ウ〕2018.

1）育児への不安，戸惑いへの理解と寄り添い

　保護者になる時点で，子育てに関する知識は理解していても，思う通りにうまく子どもに関われないことからくる不安は尽きない。また，慣れない育児による心身の疲れ，自分の時間がもてない，やりたいことができないことからくる苛立ちや拘束感等，子育てをする保護者の悩みや戸惑いは様々である。

　子どもの成長・発達は一人一人違っていること，またあふれるほどの育児情報の中で，自分の子どもにあった具体的な育児に関する知識や情報を得たり選択したりすることが難しい保護者もいる。そのような保護者に対して，保育者は子どもを育てることの大変さに共感しつつ，保護者が安心して子育てができるよう，あるいは仕事と子育てが両立できるよう保護者の状況に応じた支援が求められる。

2）多様な子育て家庭への支援

　現代社会においては，多様な家庭のそれぞれのニーズに合った柔軟な支援が必要となる。例えば，「ひとり親家庭」への支援は，経済的な困難さへの対応だけでなく，子育ての状況への情報・知識の不十分さからくる精神的負担への支援も必要になるだろう。「ステップファミリー」*5への支援は，家族となるプロセスを援助し，子ども同士の関わりにも配慮が必要である。「外国籍家庭や外国にルーツをもつ家庭」への支援は，社会から孤立しないように適切な子育てについての情報を届ける必要があるだろう。まずは，それぞれの家庭が抱える困難を理解しようとする姿勢が重要である。

＊5　ステップファミリー：配偶者の一方もしくは双方が，結婚前の配偶者との間に子どもをもつ家族。

（2）親子の関係性を支援する視点と関わり

　冒頭の事例14-1で示された保護者や子どもに対して，保育者の関わりについて考えたい。保育者は，保護者の言動を責めたり，保護者としてのあるべき姿勢を論したりするのではなく，保護者の状況と子どもが置かれている現状について理解を示しながら，目の前の子どもの最善の利益を守るべく，子どもの生活世界を支えるための援助を行っている。また，子どもへの保育は，保護者の肩代わりとして行っているのではなく，子どもへの望ましい行動をモデルとして示しているため，行ったことを保護者にきちんと伝えている。その保育を見たり聞いたりした保護者は子どもの関わり方を少しずつ意識して，言動が変

化していく機会の一つとなるかもしれない。

　保育の仕事に携わる者は，日常の中で子どもや保護者に寄り添い，話を聞いて一緒に考えたり，日々の育児を労ったり，保護者に共感的に関わりながら，保護者の家庭養育を後方的に支える役割を理解しておきたい。

（3）地域社会で子育てを支え合う

　およそ1955（昭和30）年以前においては，地域で子どもが育ち，地域の大人たちが子どもの成長を見守り支える地域共同体[*6]があった。しかし，産業構造の変化に伴い人が都市部へ移動し，家族単位が最小化したことは，子どもや家庭を見守る地域共同体の役割も衰退していく要因となった。このような状況から，子育て支援の必要性が認識され，就学前施設等は地域における子育て支援の拠点として子どもの育ちや保護者の支援を担う役割はますます大きくなってきている。

1）地域の人の協力を活かす保護者支援

　就学前施設は，乳幼児期の子どもが一日の生活を過ごす場である。専門性をもつ保育者が行う日々の保育は，具体的な子育ての実践であり，子育て家庭にとっても日常の子育のヒントとなることが多く含まれている。それらの行動を身近で見聞きすることで，育児不安や疑問の解消につながることは多い。しかし，園が通常の保育を行いつつ地域の子育て家庭のニーズを全て担うことには限界がある。

　近年では，地域で子どもの育ちを支え見守る考えや，その動きが復活してきたことから[11]，就学前施設では担いきれない子育て支援のあり方を地域の人たちの協力を得ながら模索していくことが望まれる。保護者が安心して家庭での養育を行うことができるよう，就学前施設は，専門機関や地域の社会資源[*7]と連携・協力していく必要がある。

2）成人熟成期の発達と保護者支援

　地域には多様な経験をもつ人が生活している。長い人生経験で得た知識や知恵は，年齢を重ねるとともにさらに豊富になり，様々な出来事に対して多様なとらえ方や考え方，柔軟な対応ができるようになる。高齢者や子育てにひと区切りついた世代は，機会があれば自分の経験を活かして子どもの育ちを支える，親子に関わる支援のボランティア等を行いたいと考えている[12]。

　また，子育て経験をもつ成人女性（支援者）が，子どもを一時預かりするボランティア活動において，支援者自身がその活動を通して「後輩の母親への思

＊6　地域共同体：住民が生活している場所で，生活全般に関することや遊びや行事等に関わりながら，地域での交流を通してお互いに助け合い，支え合う集団のこと。

11）笹川拓也「地域を基盤とする家庭支援のあり方」川崎医療短期大学紀要，35，2015，pp.57-62.

＊7　社会資源：地域住民のニーズの充足や地域課題を解決するために用いられる有形（人，財源，支援制度等）・無形（情報，ネットワーク等）の資源の総称。公的サービス等の制度化された「フォーマル」なものと，家族や知人，ボランティア等，善意を中心に柔軟なサービス等，制度化されていない「インフォーマル」なものがある。

12）小石真子・佐藤裕見子・三浦康代「子育て支援ボランティアの活動と世代間交流の実態について」日本健康医学会雑誌，23（2），2014，pp136-141.

い，子どもへの愛おしさの再認，自分の子育てへの心残り，必要とされている自分の存在」等，ボランティア活動をする前にはなかった親子に対する第三者的視点への気付きを得ている[13]。

　仕事や子育て，人生の経験を活かした子育て支援は，子育て世代にとって有効な関わりとなるだけでなく，関われる側にも何らかの学びや気付きがある。

　このような世代継承の支援は，エリクソンが述べた「生殖性対停滞・世話」[14]すなわち，「次世代の価値を生み出す行為に積極的にかかわっていくこと」としてとらえることができる。

13) 加藤道代「子育て経験を持つ成人女性による一時預かり活動-支援することによる発達-」東北大学大学院教学研究科研究年報，58（2），2010，pp.153-168.

14) 1）と同じ，pp.88-89.

コラム　　　多様な保育，個に応じた保育

　子どもたちにとって，就学前施設は初めて出会う社会です。家族以外の様々な人と関わり合う場所です。自分と同じ色が好きな子，自分とは違う色が好きな子，おとなしい子，活発な子，泣き虫な子等，性格も様々，髪の毛の長い子もいれば短い子もいますし，肌の色や顔立ち等，容姿も様々です。また，文化や言語が異なる子ども，病気や障がいのある子ども，家庭環境が不安定な環境にある子ども等，子どものバックグラウンドも多様です。序章のコラム（p.4）でみたように，子どもの人権を尊重することは保育の基盤です。子ども一人一人が個を尊重され，安心して過ごせること，そして，子どもが多様な他者をポジティブに受け止め，同じ社会の一員であることを喜び合える関係となること，これらを実現することは保育者にとっての重要な使命です。

　それぞれの子どもの個を尊重する保育を実現するためには，保護者との連携が不可欠です。保護者も子どもと同様に，それぞれの個性があり，背景があることから，その生活や価値観は多様です。保育所保育指針には「外国籍家庭など，特別な配慮を必要とする家庭の場合には，状況等に応じて個別の支援を行うよう努めること」〔第4章2（2）ウ〕と示されています。保育所保育指針解説では，「外国籍家庭や外国にルーツをもつ家庭，ひとり親家庭，貧困家庭等，特別な配慮を必要とする家庭では，社会的困難を抱えている場合も多い」〔第4章2（2）〕と記されています。子どもにとっては，家庭と就学前施設の生活は連続しています。保育者は，それぞれの子どもと保護者の思いを丁寧に聴きながら，子どもの家庭生活と就学前施設の生活が子どもにとって最善のものとなるように家庭と連携することが求められています。その際に必要な社会資源につなぐ役割も必要となってきます。

　外国籍家庭や外国にルーツをもつ家庭の場合でも，日本に住んでいる期間，日本語能力，就労状況，家庭の文化等は家庭によって様々で，ひとくくりにすることはできません。外国籍家庭や外国にルーツをもつ家庭の子どもの保育を行う就学前施設では，言葉や生活文化の違いによって保育者が試行錯誤している実態があります。教育的な内容等，翻訳ツールの使用では伝えきれない内容も多く，保育実践上の支援が必要とされています。今保育者が抱えている困難さが軽減され，安心して子どもと家族の多様なニーズに応えることができるようになれば，個への配慮とともに全ての子どもにとって多様性をポジティブに受け止められる寛容さが育つ機会となるはずです。

第15章 保育者の連携とチームワーク

保育者（幼稚園教諭・保育士・保育教諭をいう）としての資格を取ってあこがれの職場に立てた。しかし実際の保育現場では思いもよらなかった問題に直面することがあるかもしれない。その一つが職場での人間関係である。そんな時に自らの力量についての認識や必要な考え方（知識）とスキルがないと対処のしようがない。悪くすると職場を去ることも考えられる。本章では保育者が組織やチームの中で生き生きと活動できるために必要な考え方（知識）とスキルを、また「心理的安全性」の視点から楽しく充実して生きるためのメンタルヘルス（心の健康）の心得を学ぶ。

事例15－1　新任保育士の悩み

　X保育園では、A主任（10年）・B保育士（5年）・C保育士（3年）・D新任保育士の4人で、子どもたちのお昼寝の時間にミーティングをする。子どもの状況、今後の保育の行事予定、保育の運営や子どもとの関わりや保護者との対応等、様々な話し合いが行われる。おやつを食べながら和やかに進むが、新任のDさんは緊張しっぱなし。何も言えない。Dさんは、そのことを先輩のCさんに話すと、「実は私も気になっていたの」と言って、次の話し合いの時、Cさんは「Dさんが子どものことで悩んでいるので話を聞いてもらっていいですか」と切り出してくれた。それがきっかけで、他の保育士も、自分の悩みを話すようになった。Dさんは、他の保育士の発言から自分の悩みを解決する糸口が見つかったり、みんな同じことを悩んでいて励まされたりして、緊張感がほぐれ安心して保育ができるようになった。

　今日、保育の質の向上とともに、保育者の資質と専門性の向上が課題となっている。そのためには、保育者自身が自分の戸惑いや課題を踏まえて保育実践を積み、保育カンファレンスや研修等を通して、自身の実践の力量を高め、保育者集団としての組織力を向上させていく必要がある。第15章では、保育者が生き生きと保育に専念できるチームワークづくりと心の健康について考える。

1 心理的安全性とは

＊1　心理的安定性について，わかりやすい参考文献には下記のようなものがある。
伊達洋駆『60分でわかる！心理的安全性超入門』技術評論社，2023．
山口裕幸『30分でスッキリ！そうだったんだ！心理的安全性』永岡書店，2023．

1)　Edmondson, A., Psychological safety and learning behavior in work teams, *Administrative Science quarterly*, 44(2), pp.350-383.

「心理的安全性」＊1（psychological safety）とは組織行動学者のエドモンドソン（Edmondson, A., 1959-）の提唱した概念である[1]。その概念は，「組織やチームの中で"気兼ねなく自分の意見を発言しても否定的に評価される心配はない"という確信を皆で共有している」と定義付けられている。この「心理的安全性」は，チームのみならず，メンバー個人のメンタルヘルス（心の健康）にも影響する。

事例15－1の「新任のDさんは緊張しっぱなしで何も言えない」という点と「以前からそれに気付いていたCさんも本音を言えなかったが，なんとか切り出した」という点は，その時点でのA主任を中心としたチームの心理的安全性が低くなっていたからだといえるだろう。

2 心理的安全性とチームワーク

（1）チームや組織（職員会議）の中での発言力

私たちは組織・チームの中で話をする時に，一種の怯えや不安を感じることがある。今までに，こんなことはなかっただろうか。

①　自分は言いたいことはあるのに，会議で意見を聞かれなかったから言えなかった（自分からは言い出しにくい。聞かれたら何とか話せる）。

②　よいかどうかは別にして自分が思い付いた情報を共有したいのに言えない（後から個人的に話すと「どうして会議で言わないの」とよく言われる）。

③　事故や不祥事につながりかねない同僚や上司の行動や考えを指摘したいが言えない（告げ口をする人と思われたくない）。

このように，集団の中でなぜ自分の意見を語れないか。エドモンドソンによれば，以下のような対人リスク（不安感情）があるからだとされる[1]。

①　無知（知識不足）だと思われる不安（質問ができない。相談しない）。

②　無能（技術や能力がない）と思われる不安（間違いを認めない。隠す）。

③　否定的（ネガティブ）な人だと思われる不安（議論しない。素直に意見をいわない）。

④　邪魔をする人と思われる不安（必要でも助けを求めない。不十分でも妥協する）。

これらの感情は，チームの中の心理的安全性が高まれば，もたなくてよくな

るとされる。そんなチームになるためのポイントを知って実践したい。

（２）チームの心理的安全性を高めるためのポイント

　石井[2]によると，日本とアメリカとの文化差やその後の研究から，日本の組織では以下の因子がある時に心理的安全性が感じられるとされる。

2)　石井遼介『心理的安全性のつくりかた－心理的安全性が困難を乗り越えるチームに変える』日本能率協会，2020，pp.48-57.

１）話しやすさ

　多様な観点から状況を判断し，素直な意見とアイデア等を出しやすい。例えば，職員会議で「保護者の中にいる外国人のために日本語以外の運動会の案内文がいるのでは」と思い付いた時，誰に遠慮することなく，すぐにそのこと発言できるか，それを臆することなく尋ねられるかどうかである。また，チーム全体が「これでいこう」となっている時に，それがおかしいと思ったら，そのことを発言できる雰囲気があるかどうか等が重要である。

２）助け合い

他のメンバーが，助けを求めることが自然にできるかどうかである。
①　トラブルを個人の責任にするのでなく，ピンチをチャンスと常に考え，チーム全員でトラブルや行き詰まりに対応したり，相談できる。
②　トラブルによってチームが強く賢くなるという考えを皆で共有している。
③　減点主義でなく加点主義。
④　リーダーやメンバーはいつでも相談に乗ってくれる。
　冒頭の事例15－1でいうと，Cさんの発言をきっかけに，メンバー間のよき相互作用が起こったのは「助け合い」因子の効果である。

３）挑　　戦

　「時代の変化に合わせて新しいことにチャレンジすることがよいこと」といった基本的な保育観が職員間で共有されているかどうかである。チャレンジするためにメンバーの権限や自由度をできるだけ高く保持しているか。試行錯誤からの進化と改善をしていく土壌があるかどうかである。
　例えば，新しく導入した「絵本の読み聞かせ」が何かの原因でうまくいかなかったとして，それをバネにさらに挑戦するような雰囲気を目指す。どのような結果になっても，試行錯誤それ自体を楽しめるようなチームになる因子である。この因子がうまく機能しているとチームには活気がみなぎってくる。

4）新奇歓迎

この因子は「挑戦」因子より，メンバーの強みや個性に焦点を当てた因子である。「個々人の才能を発揮することがこのチームでは歓迎されていること」を皆が感じていることが望まれる。新しいことや奇抜なことを発言してもおかしい人と思われない，それがその人の強みと認められているという安心感がメンバーで共有されている等の因子である。

今の時代に求められる，「多様性（ダイバーシティ）」[*2]や「包摂（インクルージョン）」[*3]とも関連する重要な因子といえる。メンバー一人一人が自分らしさを最大限に発揮できているという感覚は心の健康にも大切な「チームへの所属感・信頼感・貢献感」のベースにもなる。

（3）具体的な取り組みのポイント

1）チームの共通目的の「見える化」とその共有・意識化

心理的安全性を高めるのがチームの目標ではない。チームの目指す目標があり，その次に心理的安全性が問われる（図15-1）。目標をまず話し合う必要がある。目標が曖昧（あいまい）なまま，心理的安全性だけを追求すれば，単に「ぬるいチーム」「仲良し集団」になるおそれがある。よい（適切な）目標とは，「具体的で少し困難な目標」である。言葉にするときのコツは，「わくわく感・達成感・納得感」のあるものにすることである（例：全ては子どもの"笑顔と幸せ"のために必ず記録を残そう）。

図15-1　目標と心理的安全性の関係

出典）石井遼介『心理的安全性のつくりかた―心理的安全性が困難を乗り越えるチームに変える』日本能率協会，2020を参考に著者作成

*2　多様性（ダイバーシティ）：組織やグループで多様な意見や人材を用いること。またそれを可能にする個別性を認め，その様々なありようを是として活用する社会を指す。子どもと共に多様性を考えるのに適した絵本が，ヨシタケシンスケ『みえるとかみえないとか』アリス館，2018.である。ヨシタケによれば多様性とは「同じところを探しながら，違うところをお互いに面白がる」となる。

*3　包摂（インクルージョン）：これまでの障がい児教育では，通常のクラスに障がい児を迎え入れつつ健常児と障がい児を分ける「統合教育（インテグレーション）」という考え方が主流であった。インクルージョンとはその次の段階。両者を区別せずに全ての子ども（この中に障がい児も含まれる）を包み込む（包摂）教育を指す。多様性に対応する教育といえる。

2）ミーティングのルールの共有

　ミーティングには，できるだけ全員が参加するようにし，会議の中での話は会議の中で終わることを原則にする。ラグビーのノーサイドの精神「試合が終われば敵も味方もなく，お互いの健闘を称え合い，感謝し，ラグビーを楽しんだ仲間として友情を深める」が参考になる。

　ミーティングを行う際の基本的なルールは以下になる。

①　時間厳守（始まりと終わりの時間厳守）。

②　メンバーは必ず発言する（発言していない人を気に掛ける）。

③　メンバーは本音を言う（その勇気を奨励）。

④　相手の発言をさえぎらない。（最後までしっかりと聞く）。

⑤　メンバーの意見を頭ごなしに否定しない（どんな意見にも一理ある）。

⑥　反対意見を言う場合は，できるだけ代案も一緒に言う。

⑦　メンバーの発言についてのうわさ話はしない，させない，許さない。

3）心理的安全性の発信基地（「安全基地」）づくり

　まず，自分がメンバーの「安全基地」（心理的安全性の発信基地）になるように心掛ける。そのためには，下記のようなことを意識するとよい。これは相手が子どもや保護者への対応においても同様である。

　まず，親しみやすい（話し掛けやすい）態度を心掛ける。挨拶・雑談・笑顔・うなずく等，対面時の対応に手を抜かない。この4つはコミュニケーション力の基礎力になる。また，メンタルヘルス（心の健康）のカギになる。この4つをメンバーが手を抜くようになると，その職場から精神の不調者が出る可能性が高まる。また，自分がもっている知識の限界を隠さない。「知りませんでした。教えてください」「質問していいですか」と尋ねる勇気をもつことである。

4）「KY」（空気が読めない）の克服

　医師で作家の鎌田實は「空気に流されるな。空気を作り出せ。空気をよどますな。空気をかきまわせ」[3]という。不穏な空気（同調圧力）は伝染し人をあやつる。実践のコツは「不安感情をあるがまま（そのまま）にしながら」チームの目的の実現に向かって勇気を出して発言・質問することである。感情本位でなく，目的・行動本位に向けて挑み続けることである。

3）鎌田　實『空気は読まない』集英社，2010，p.285.

3 チームワークと心の健康（メンタルヘルス）
―人間関係と対話の力―

4）Adler, A., *What life could mean to you One World* Publications, 2003, pp.184-185.
岸見一郎『アドラーを読む―共同体感覚の諸相』アルテ, 2006, p.20.

5）鯨岡 峻『関係の中で人は生きる「接面」の人間学に向けて』ミネルヴァ書房, 2016, pp.105-107.

心理学者のアドラー（Adler, A., 1870-1937）によれば，多くの悩みの中心課題は「人間関係をうまくやっていけない」ということに尽きるという[4]。例えば相性の悪い人とはできるだけ話したくないのが人情である。しかし，仕事上そういうわけにもいかない。仕方なく話すうちに親しくなり人間関係が変わることもある。人間関係は「対話（コミュニケーション）」で成り立っている。つまり，対話を改善すると人間関係も変わるものである。

コミュニケーションの原点は「肯定的な気持ちや感情を二者間で共有することを目指すもの」[5]とされる。そのためには，対話の相手を前にして，評価・分析・調査・支持的な態度をいったん置いて「理解的態度」がまず必要となる。理解とは「異なるものと出会って，それを受け入れることである」とされる。私たちは「自分と異なるもの」は受け入れにくいものである。例えば自分は大人で相手は子ども，自分は女で相手は男，自分は目が見えるが相手は目が不自由等，理解には，まず相手を「受け入れる」ことが第一歩なのである。異なるものとの間に「対等な関係」（ヨコの関係・絆）を結ぶという心の態度が必要である。具体的には自分の心の「開」（かい）と「聞」（もん）が必要となる。

（1）対話における「自己"開"示」

「何を考えているのかわからない」と言われないために，何を開示するのか。下記の4つを開くと人間関係も楽になる。

表15-1　対話における「自己"開"示」

開 示	内 容
事実	できるだけ「本当のことを素直に言う」ように心掛ける。
行動	自分のやっていることやこれからやる行動を伝える。
価値観	自分の好きなこと，嫌いなこと，大事にしていること等をメンバーに知ってもらう。
感情	自分の感じている感情を相手に伝える。「感じ言葉（私メッセージの一種）」を使う。「何々という感じがします」が基本形である。（例：私は今傷つけられたなーという感じがします。）

出典）氏原 寛，他編『心理臨床大事典』培風館, p.292を参考に筆者作成

（2）対話における「"聞"き方」

　辞書を引くと「聞く」には4つの働きがある[6]。このなかで中核的で大事なのは，実は「③質問する」である（表15-2）。「質問力」を身に付けると対話力は格段にアップする。「聞き上手は質問上手」，人は質問されると「私に関心をもってくれた」とうれしくなるものである。また，対話は最初の「肯定的な受容の一言」から始め，相手の発言を聞き，「確かに」「なるほど」「そうなんだ」「そんな考え方もあるんだね」と肯定的な対応と「うなづく」等，肯定的な非言語的表現をするように心掛けるとよい。

6)　宮地幸一編『小学館 常用国語辞典』小学館，1985，p.177.

表15-2　「聞く」機能

機　能	具体例
①意味を知る	明日，朝10時に駅に集合。しっかり聞きましたか。
②OKする	今回だけは私の頼みを聞いて下さい。
③質問する	先生！ 聞いていいですか。（実はこれが「聞く」の中核的機能）
④判別する	（字は違いますが）香をきく。きき酒。

出典）宮地幸一編『小学館 常用国語辞典』小学館，1985を参考に著者作成

（3）対話における「感情の使い方」

　人間関係で悩むというのは，実は人間関係で派生するところの自分の感情に悩んでいると気付く。事例15-1のD新任保育士が，緊張しっぱなしで何もしゃべれないという「緊張感」や「不安感」は，新しい環境に入った時には誰もが感じる自然な感情である。それを「この緊張感や不安感を早くなくさないとこれから先やっていけない」とか「やっぱり保育者には向いていない」等と考え，緊張するという事実を受け入れずにその解消ばかりに「とらわれる」と精神の不調をきたすこともある。

1）「感情」の理論

　「森田療法」を創始した精神科医森田正馬（まさたけ）（1874-1938）は，「感情は心の中で起きる自然現象。雨や風と同じである。これを操作できるものではない。ただ法則性がある」として，感情の5つの法則[7]示した。

①　感情は放っておけば一昇り一降りして消える。

②　感情は慣れれば消える。

③　感情は満足させれば消える。

④　感情は注意の集中と反復とでますます大きくなる。

7)　森田正馬『神経質の本態と療法』白揚社，1960，pp.99-102.

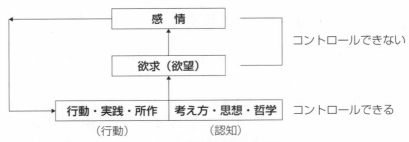

図15-2　森田の感情の考え方

出典）北西憲二『森田療法のすべてがわかる本』講談社，2007，pp.40-43を参考に著者作成

⑤　感情は行動・実践によって養成される。

①・②・③は消え方の法則，④・⑤は起こり方の法則である。特に④はなぜ精神の不調が起こるかを説明する時に使われる。精神的不調とは自分の「とらわれ」によって大きしてしまった不快感情に押しつぶされそうになっている現象を指す。

2）心の健康（メンタルヘルス）

表15-3をベースにして…「できること３つ」「できないこと３つ」を知ることが心の健康につながる。そして，「できない３つ」を受け入れ，感情本位ではなく行動・目的本位を心掛けることである。

表15-3　感情においてできることできないこと

不可能	①自分の感情を思い通りにはできない（手放し・観照はできる）。
	②他人の感情・評価を思い通りにできない（放っておく）。
	③現実を思い通りにできない（理想を失わない現実主義者たれ）。
可能	①不快な感情を受け入れる（受け入れるとはあって当然と思うこと。背負うこと）。
	②自分の限界を知る（自分の限界をわきまえると知恵がわく，他の方法に気付く，強みを伸ばせる）。
	③目の前の現実の中でやるべきことをする。

注）（　）内は筆者が加筆

出典）北西憲二『森田療法のすべてがわかる本』講談社，2007，pp.44-45.

感情の中でも「怒りの感情」は取扱いに注意を要する。怒りの感情は，自分の心の健康性も他者の健康性も破壊する。アドラーは「感情はある目的を達成するための道具として使われる」[8]として，「怒り」の使用目的は次の４つだとした。「支配する」「勝つ」「仕返しをする」「権利を守る」の４つである[9]。この中で「支配する」目的に一番多く使われるとされ，人を支配することは非民主的であり，腹を立てたらアウトである。カーッときて，すぐ怒鳴ったり，叩

8）岩井俊憲『感情を整えるアドラーの教え』大和書房，2016，p.42.

9）8）と同じ，p.47.

いたりすることはご法度である。そのほかに心得ておきたいことは以下の通りである。

①　自分の怒りのスイッチ（べき思考）を知る。自分の頭の中の「べき」を消して，「〜するにこしたことがない。しかし人生いろいろ，でも私は負けない」に書き換える。

②　「普通」「常識」「当たり前」という言葉を使わない。

③　叱ることを止める。

「叱る」という対人関係のあり方は，目下のものという「タテの人間関係」がすでにあり対等な関係ではない。教育・しつけとは限りなき「説得」であるといわれるが，「叱る」の強化と慢性化は，叱ることへの依存状態を引き起こし，この依存症状態が虐待・ドメスティックバイオレンス（DV）・パワーハラスメント（パワハラ）につながる[10]。叱る必要があるのは，何か危険なことやしてはいけないことを止めさせたり，危険な行動や望ましくない行動を予防したりする，危機管理に関する場合のみである。

10）村中直人『叱る依存がとまらない』紀伊国屋書店，2022，p.86.

コラム　　養護と教育の保育者の責務と役割の一体化

　保育の仕事は子どもの育ちを実感し，保護者と子育てを分かち合う経験ができるのでやりがいがあります。一方で，子どもの命を預かる仕事でもあり，虐待件数の増加や子育て支援サービスの変化，保育の安全性等をめぐる諸問題がある中で，保育者に課される責務は年々大きくなっているともいえます。ここでは保育者の責務と役割について考えてみましょう。

　全国保育士会が2003（平成15）年に示した「全国保育士会倫理綱領」[*1]には次のように示されています。

　　・私たちは，子どもの育ちを支えます。
　　・私たちは，保護者の子育てを支えます。
　　・私たちは，子どもと子育てにやさしい社会をつくります。

　この内容は，保育者の責務を端的に表したものといえるでしょう。子どもの発達を保障し，保護者の子育てを援助し，また子どもと保護者を包む社会のあり方にも思いを致す内容になっています。保育者の責務は，まずは子どもの命を預かり，安全な環境のもと，その発達を促進することです。就学前施設（幼稚園・保育所・認定こども園をいう）は，多くの子どもにとって，家庭を離れて参加する初めての集団です。子どもの不安を軽減し，就学前施設が安全・安心な場であることを伝えながら保育することが必要です。具体的には，子どもの個別性を理解し，子どものペースに合わせた保育実践が求められます。また，保護者の子育てを支えることも大事な責務です。少子化が進み，身近に子どもや子育てを実感する機会が得られにくい社会状況の中，子育てをしなければいけません。また多くの情報にアクセスできる一方で，情報の選択が難しく，迷いや不安が生じることもありますし，子育てを手伝ってくれる親族等の存在の有無や程度も個人の状況によってそれぞれ違います。保育者は，保護者の子育ての状況を理解しながら，保護者の不安に寄り添い適切な助言をすることが必要です。そして子どもの姿や子育ての状況を広く社会に理解してもらえるような，社会への働き掛けも重要になってきます。

　また，保育所保育指針（第5章）等に明示されているように，保育者自身が自らのスキルアップに取り組むことも責務の一つといえます。例えば，子どもの特性への働き掛け等は，多くの事例や科学的根拠をもとに，適切な関わり方が示されています。免許資格を取得するために学んでいた際には明らかになっていなかったことが，保育現場で働いている際に明確になることもあります。また，保育室内の環境構成や保育の方法等，広く様々な知識を得て自身の保育を見直すことが保育の質の向上につながります。

　そして上述した責務をよく理解し，それを果たそうとする具体的な方法を実践することが保育者の役割です。子どもや保護者に関わる際も，個別性を活かしてどのようなタイミングで，どのような言葉を選んで関わるか，具体的方策が必要です。また，新たな学びを求める姿勢や自身の保育を見直すことが保育の質の向上につながり，子どもと保護者に貢献することになるのですから，学び続け，状況に応じた保育を実践することも保育者に求められている役割といえるでしょう。

　＊1　全国保育士会HP

終章　保育における今日的課題

1　子どもを巡る社会的背景

　近年，少子化や核家族化の進行とともに都市化，情報化，国際化等による経済社会構造が急速に変容している。人々の価値観や生活様式も多様化し，自由で便利かつ合理的な生活ができる一方で，人間関係の希薄化，地域社会のコミュニティー意識の衰退，経済性や効率性の過度な重視，大人優先の社会風潮等の状況がみられるようになった。

　このような社会状況の中で，地域社会等における子どもの育ちを巡る環境や家庭における保護者の子育て環境も変化してきた。地域社会や家庭の教育力の低下等により子どもの育ちを巡る環境の変化は，子どもの育ちに影響を及ぼし，基本的な生活習慣が身に付いていない，他者との関わりが苦手，自制心や耐性，規範意識が十分に育っていない，運動能力が低下している等の課題が指摘されている[1]。また，保護者にとっては，家庭の孤立や子育て仲間の不在，サポートのなさ等により子育て不安やストレスが深刻化している。

2　今日の保育における課題

　1990（平成2）年「1.57ショック」[*1]を契機に，政府は，出生率の低下と子どもの数が減少傾向にあることを問題として認識し，仕事と子育ての両立支援等，子どもを生み育てやすい環境づくりへの対策の検討を始めた。今日に至るまでに，子どもが健康に育つ社会，子どもを生み，育てることに喜びを感じることのできる社会への転換を喫緊の課題とし，少子化の流れを変えるための施策が展開されてきた。その流れの中で，就学前施設（幼稚園・保育所・認定こども園をいう）のあり方も大きく変わってきた。保護者の子育てと仕事の両立を支援するために，乳児保育を拡充し，長時間保育や休日保育，病児病後児保育

1) こども家庭庁「令和4年度 少子化の状況及び少子化への対処施策の概況 子ども・若者の状況及び子ども・若者育成支援施策の実施状況 子どもの貧困の状況及び子どもの貧困対策の実施状況」2022, pp.98-101.

*1　1.57ショック：1989（平成元）年の合計特殊出生率（一人の女性が生涯に産むと推計される子どもの数の指標）が，「丙午」の1966（昭和41）年の1.58より低い戦後最低になったこと。

や一時保育等，多様な保育が実施されるようになった。また，保護者の子育て不安が深刻化する中，就学前施設は在園児の保護者への子育て支援とととも に地域の子育て家庭への支援や地域の子育て支援センターとしての役割も担うこととなった。さらに，様々な課題を抱えた子どもの保育や保護者への支援，虐待への対応等，他機関と連携した保育の展開も求められている。

こうした保育の多様化は，保育の質の低下を招くおそれもあり，保育の質の向上に向けて，保育のPDCAサイクル*2を確立することが喫緊の課題となっている。また，そのための園内カンファレンスの実施や保育者（幼稚園教諭・保育士・保育教諭をいう）の専門性の向上を図る研修等の充実も重視されている。

保育の質には，「志向性の質」「構造の質」「教育の概念と実践の質」「相互作用あるいはプロセスの質」「実施運営の質」「子どもの成果の質あるいは成績の基準」「親・地域への支援活動と両者の参加に関する妥当な基準」があげられる[2]。子どもへの保育実践において，いずれも重要な観点である。特に，「教育の概念と実践の質」や「相互作用あるいはプロセスの質」に関しては，日頃の保育実践の中で検証していくことが望まれる。

3 新たな時代の保育の創造

2023（令和5）年4月1日，こども家庭庁が創設され，子どもの人権を保障し，常に子どもの視点に立って，子どもの最善の利益を第一に，子どもが自立した個人として等しく健やかに成長することができるよう，「こども基本法」が公布された。

「こども基本法」の目的（第2条2）には，「おとなになるまでの心身の発達の過程を通じて切れ目なく行われるこどもの健やかな成長に対する支援」，「就労，結婚，妊娠，出産，育児等の各段階に応じて行われる支援」，「家庭における養育環境その他のこどもの養育環境の整備」が示されている。

また，この基本法に則って「幼児期までのこどもの育ちに係る基本的なビジョン（はじめの100か月の育ちのビジョン）」が閣議決定され，「『こどもの誕生前から幼児期までの育ち』が一層大事にされるとともに，保護者・養育者，保育者，子育て支援者等が，社会からその尊い役割を応援され，安心してこどもの笑顔や成長を喜び合うことができる社会」[3]の実現があげられている。

保育の場では，これまでも，子どもの気持ちに寄り添い，子ども主体の，「こどもまんなか」の保育を展開してきた。時代がどのように変化しようとも，子どもの育ちを見守り，援助する基本は変わらない。しかしながら，こうした時代の変化を見すえて，次世代型の保育のあり方も模索していくことが重要である。

*2 保育のPDCAサイクル：保育を計画（Plan）して実践（Do）し，実践後振り返って（Check），改善（Action）して次の実践に生かしていくこと。

2) OECD, *Starting Strong : Early Childhood Education and care*, Economic Co-operation and Development, Paris. 2006, p.147.

3) こども家庭庁「幼児期までのこどもの育ちに係る基本的なビジョン（はじめの100か月の育ちのビジョン）」2023, p.3.

● 索　引

● **編著者** 〔執筆担当〕

寺見陽子
(てらみようこ)
元 神戸松蔭女子学院大学教育学部 教授　序章, 第4章, 終章
神戸松蔭ケアセンター 客員所員

● **著者** (五十音順)

阿南寿美子
(あなみすみこ)
西南女学院大学短期大学部 教授　第7章

植田瑞穂
(うえだみずほ)
神戸教育短期大学こども学科 講師　第10章

大塚穂波
(おおつかほなみ)
大阪国際大学短期大学部 講師　第9章

隠岐厚美
(おきあつみ)
神戸女子大学文学部 准教授　第8章, コラム (第8章)

片山伸子
(かたやまのぶこ)
名古屋柳城女子大学こども学部 准教授　第12章

金重利典
(かねしげとしのり)
大阪総合保育大学児童保育学部 講師　第6章

川谷和子
(かわたにかずこ)
神戸教育短期大学こども学科 准教授　第14章, コラム (第2・7・10章)
冒頭事例 (第5章)

川村高弘
(かわむらたかひろ)
神戸女子短期大学幼児教育学科 教授　第5章

黒田博子
(くろだひろこ)
元 明石市立保育所　冒頭事例 (第10章)

榊原久直
(さかきはらひさなお)
京都教育大学学びサポート室 講師　第1章

澤田真弓
(さわだまゆみ)
兵庫大学教育学部 准教授　コラム (第3・4・9・11章)

鎮 朋子
(しずめともこ)
梅花女子大学心理こども学部 教授　コラム (第5・6・13・15章)

高岡昌子
(たかおかまさこ)
奈良学園大学人間教育学部 教授　第3章

中島俊介
(なかじましゅんすけ)
西南女学院大学保健福祉学部 教授　第15章, 冒頭事例 (第15章)

中見仁美
(なかみひとみ)
園田女子大学短期大学部 教授　第13章

林 悠子
(はやしゆうこ)
神戸松蔭女子学院大学教育学部 准教授　コラム (序章, 第1・12・14章)
冒頭事例 (第1・2・3・4・6・7・8・
9・11・12・13・14章)

山田真世
(やまだまよ)
福山市立大学教育学部 准教授　第11章

渡邊恵梨佳
(わたなべえりか)
神戸海星女子学院大学現代人間学部 講師　第2章

コンパス　保育の心理学

2024年（令和6年）4月5日　初版発行

編著者　寺　見　陽　子

発行者　筑　紫　和　男

発行所　株式
　　　　会社　建　帛　社
　　　　　　　KENPAKUSHA

〒112-0011 東京都文京区千石4丁目2番15号
TEL　（03）3944-2611
FAX　（03）3946-4377
https://www.kenpakusha.co.jp/

ISBN 978-4-7679-5148-5　C3037

©寺見陽子ほか，2024.

（定価はカバーに表示してあります）

教文堂／愛千製本所

Printed in Japan